大是文化

あの日、選ばれなかった君へ　新しい自分に生まれ変わるための7枚のメモ

給那天落選的你

「沒有被選中」的下一步？

人生，就從「不被選擇」的那一天起，活出自己的路。

榮獲日本最大廣告競賽「宣傳會議獎」協贊企業獎
暢銷商品推手、日本電通廣告文案名人

阿部廣太郎——著

林佑純——譯

「你是自由的，所以你選擇吧——
也就是說，去創造出路吧。」

——法國哲學家尚-保羅・沙特（Jean-Paul Sartre）

有人說，人生是一連串的選擇，
我的人生卻是一連串的不被選擇。

目錄

第2章

第3章 給那天落選的你 103

第4章 為找工作而煩惱時

第5章

被人認為我不適合這份工作時 165

第 6 章 當你有天成為選擇的那方

第7章 工作和生活，也必須做出選擇？ 257

※第七章有關休育嬰假的故事內容，摘錄自PHP Special二〇二二年三月號的《讓明天更加順利，整頓頭腦與心靈的方法》（PHP研究所），並經過補充及修正。

推薦序一

走好眼前的路，你也能是「天選之人」

《祕密》系列譯者、身心靈講師&作者／王莉莉

一收到《給那天落選的你》的出版社邀請撰寫推薦序，我馬上就答應了。因為我自己也曾有過這樣的心路歷程，尤其看到書中七張小紙條的內容，更有既視感，如第一章的：「孤獨，其實是人生的起點。」

我曾以為自己無法一個人獨處太久，但在人生某些階段，有時不得不獨自一人，或是與過去有所切割之後，我才發現——將專注力放在自己的「Me Time」（按：指每天有自己一個人的時間與空間），其實就是活在當下。

比如，在與暢銷書籍《祕密》相遇之前，我曾隻身一人前往澳門教兩年書。後來，因在職場上身心俱疲，去挑戰十天的內觀（按：Vipassana，透過

觀察自身來淨化身心），原本手機不離身的我，在手機交出去的那一刻，徹底交託、臣服。

回顧過往，我的人生確實有過被選中的時刻：

- 英語教學研究所公布榜單時，我抱著忐忑的心，滑網頁看到五個最右邊的名字時，大大鬆了一口氣。
- 毛遂自薦成為《祕密》系列譯者，而後書籍大賣，至今仍與有榮焉。
- 離開教職、進入身心靈圈十多年後，本以為重返校園有點挑戰，不過在因緣際會下，像是有如神助般，成了國際實驗機構團隊的一員。

但在這些以外，我也曾在職場、各種人際關係上落選過，也曾不平過——為什麼在一些關鍵時刻，最後被選中的不是我，甚至有幾個瞬間，感覺這個世界有沒有我似乎都沒有差。

不過，就如同作者阿部廣太郎所述：「我想貢獻什麼——這才是最重要的。」、「努力過，就夠了。」、「不快樂，就無法繼續努力。」、「真正的歸屬，是在人與人之間形成的。」所以，當我成了落選之人、不知道為何而戰、已經努力過卻感受不到快樂、沒有歸屬感時，即便再不甘心，我也會選擇離開。

在〈想要分享，卻變分手〉這一篇，作者的文字也很一針見血。我回顧自己過去的幾段經歷，也是如此。

雖然以身心靈的角度而言，英雄旅程的路徑其實也是如此：在大起之前，通常會經過大落，但落選、被迫分開，總令人感到孤獨。

然而，當自己有意或無意調整到「超頻」（按：指大腦達到高效能）後，遇到正能量的人事物，就會發覺：原來之前只是不適合，宇宙安排這些事件，是為了讓我們切換到不同的能量場域，以接觸符合新能量狀況的人事物。

如同作者在書中提到的，黑夜總會迎來黎明，將所有快樂、悲傷的經歷，化為邁向新人生的契機。事情會過去，人生會繼續，沒有時光機可以回到過去，那就走好眼前的路。

這正好也和《祕密》作者朗達・拜恩（Rhonda Byrne）的想法有異曲同

工之妙，你只需要看到頭前燈兩百公尺的路，一樣能從美東開到美西。

願你我人生中那些曾有的落選時刻，能將自己真正的潛能召喚出來，成為真正適合自己舞臺的「天選之人」。

推薦序二

你高興就好

詩人導演／盧建彰

做了有高興嗎？

我讀這本書的時候，有非常多異樣的感覺。那就是，「我哪時候寫這本的，我怎麼忘記了」。

因為完全就是我自己呀，這樣說不是給我自己貼金，而是發現我和作者的生命軌跡太過相近，甚至該說，那種心理足跡也一模一樣。

我曾經在蓮蓬頭下哭泣，避免哭聲被同住的大學生聽見，儘管我已經在公司上班了，但我只有錢住雅房，他們住的還是套房呢。

我想著工作好難，一切都不太容易，或者該說，太不順利。挨罵是其次，重點是，我怎麼知道眼前這個我不太會做的，是不是適合我做的。

後來，我發現我問錯問題。

問題不是我會不會做，而是我做了有高興嗎。

落選的專家

有一個背景資料，我是落選專家。

我是國立大學企管系畢業的，但不知道為什麼，我丟出二、三十份履歷，以牛皮紙袋裝，高度到我的腰，大約有一公尺多，卻沒有幾家公司找我去面試，少數找我去的，例如奧美公關，筆試的題目，我一題都不會寫。所以，我一個可能的工作機會都沒有。

零哦。

我進廣告公司，是一個誤會。

我不太想上班，但又覺得若不去上班，爸爸會擔心，他已經要用三萬元養一個失智的老婆，還有一位讀大學的女兒了，如果剛退伍的我再不去工作，我覺得，他的壓力會太大。

我有一個印象，廣告公司好像很自由自在，感覺不用上班，那我去廣告公司上班好了。結果，後來發現我搞錯了，是沒有下班。

唯一讓我去面試並錄取的，是一家外商廣告公司。我當然得去了，因為我沒有其他機會。

只是，我應徵上的職位是ＡＥ[1]，因為也只有開出ＡＥ的缺。應徵上了

ＡＥ，卻什麼都不會，不會倒茶、叫便當、寫會議紀錄，整天被罵，從早罵到晚，天都黑了，天又亮了，生無可戀，我就算不是媽寶，都想要叫媽媽，但如我前面所說的，我媽媽已經失智了，叫媽媽也沒有用。

我只能在整天下雨的信義區，孤單的在三坪大唯一的電器是日光燈的房間裡，看著窗外的雨，或者，站在蓮蓬頭下哭泣。

事情的轉機是，我覺得我不適合做廣告ＡＥ，但因為ＡＥ的工作性質，讓我可以看到廣告業的全貌，我覺得我喜歡做廣告。我覺得，我可能可以做廣告文案，創作會讓我高興。

做高興的

後來的故事，就是，我辭職，跑去大安森林公園把圖書館裡所有跟廣告有關的中文書看完，然後，想辦法去應徵廣告文案。

一開始也沒人要沒有經驗的廣告文案，所以我只能先去電影公司做文案，寫預告片和電影海報的文案，我開始知道文案是什麼了。但我又得開始找工作，因為沒有拿到薪水，老闆整天調頭寸，我繳不出房租。哈哈哈，我連只有日光燈的房間都保不住。

我只好再丟履歷，終於有4A的廣告公司願意找我去當文案，因為他們的文案跟老闆吵架憤而離職了，工作要開天窗，所以，就只好勉為其難的找一個毫無經驗的傢伙，就是我。

我開始做廣告創意，並繼續落選，至少有五家廣告公司拒絕我，直到奧美廣告。

我想辦法爬了進去那紅色大門，真正開始拜師學藝，三年後，我幸運的成為Gunn Report[2]臺灣創意排名第一名。

之後，我就沒有再去面試了，都是我在拒絕挖角。

中間我有好多疑問，各式各樣的疑問，也會懷疑我適不適合做廣告。

但我給自己的答案是，怎麼高興怎麼做，我喜歡創作，創作讓我高興，那我就繼續做我高興的事，然後，遲早有人會看到我做的事也感到高興，然後他很高興就給我比較好的對待，無論是待遇或者獎項。

但前提是，我自己高興。

因為，等著別人高興，實在太勉強了，你怎麼知道怎樣做別人會高興呢，而且當你整天只想要讓別人高興，你很容易只想要取悅別人，而當你那樣做的時候，沒有人會高興的，真的，沒有喜歡哈巴狗，任何卑躬屈膝勉強自己的行為，最後只有勉強自己，還有膝蓋紅腫而已。

可以累積的高興

還有一個提醒，我會想要給當初的自己：做可以累積的高興。

我的思考很白癡，就是反正大家一開始起薪都不高，那與其做自己不認同的，不如做自己喜歡的，但有個前提是，你喜歡的那件事，是可以累積的。

我創作，就算薪水不高，但一年過去就會有作品留下來，再一年，再一年，我就有三年的作品，那我的 Credit 就會一天比一天豐富。

你可以做任何你喜歡的事，但要問自己，那是會累積的嗎？

不必然要用世界標準，但是，務必不要騙自己。

那是會累積的嗎？

里程數可以累積。

技術可以累積。

作品可以累積。

高興可以累積。

誠實的，你高興就好

最後，我也想謝謝那天讓我落選的那些人們，謝謝你們沒有選上我，不然我現在就不會長這樣，就不會有機會在這寫這篇文章了，我可能會成為一個自己看了厭倦、別人看了討厭的傢伙吧。

於是，那些落選，變成了祝福。

我讀這本書，很強烈的感受到作者的誠實，儘管每一個過程都有疑惑，他也很大方的把疑惑寫出來，這是最了不起的，我最害怕那種成功方程式了，同一個人叫他再照一樣的方程式做一遍，都未必成功了，何況是別人呢？注意，這裡指的成功，是完成，不是賺大錢哦。

作者的疑惑是真實的，而那些疑惑後來隨著時間和事態的發展會產生解答，擁有解答是愉快的，是高興的。

人生是解題，先知道答案很無趣，先知都會死於非命。

不知道答案，並創造出答案，會很開心。

越做越高興，就會累積出更多的高興。

這時，你就可以輕輕的跟世界說，你高興就好。

---

1 編注：Account Executive，業務執行。

2 編注：全球最具權威的廣告創意評估報告。

前言

每個人都曾有過「不被選中」的時刻

對於人生某些決定性的時刻，我到現在仍難以適應。

例如，在企劃競賽公布冠軍得主，或是漫才[1]大賽決定冠軍；又或者是，在出道選拔賽最終結果發表——就在當下，即將揭曉的那一刻。

在電視節目上，我們有時能看到這些既刺激又華麗炫目的場面。當結果一公布，整個場地沉浸在熱烈的歡呼和掌聲中，隨著閃閃發亮的紙片漫天飛舞，聚光燈最後打在優勝者身上。

1 日本的一種喜劇表演形式，由兩個人一搭一唱。

雖然大家都會跟著鼓掌，但我不禁會想到那些落選的人，也曾瞥見有人安靜的垂著肩，露出些許失落的神情。

就在我任由思緒飄移時，我彷彿看到了過去的自己。

我現在的工作是文案撰寫人，在剛入行時也並非一帆風順。即便我從以前就很憧憬這份工作，但這一路上卻也布滿荊棘，總覺得是拚盡全力才能走到現在。

有時比稿落敗，因為拿不到案子而腳步沉重，在回家的路上，不自覺的低頭猛盯著柏油路；有時看到同期同事大放異彩，我也會充滿焦慮與懊惱。

但在試著交談之後，我發現對方其實人非常好，心中那股原本嫉妒的感受，頓時顯得自己很悲哀。

「沒有被選中」的經驗，相信不只我有。

考試落榜、無法上場比賽、被另一半甩掉、求職失敗，在競賽中被淘汰、沒被納入專案⋯⋯。

大多數人在人生各階段應該都曾因「沒有被選中」，而陷入低潮、感到自我厭惡，甚至自暴自棄。

尤其近年來，人們習慣透過社群媒體，將成功直接展現在他人面前。看到那些好消息，我們難免會滿心羨慕，即使有人開導，要你不要輕言放棄，但終究很難完全不去在意。

更不用說，對於這種時而浮現的挫敗感，總讓日子變得既壓抑又艱難。

我認為，文案撰寫人就是負責尋找嶄新視角的工作，用自我觀點從事物或事件中發掘意義。

「沒有被選中」代表什麼？我嘗試用自己的觀點來解釋。

沒有被選中，只不過是走到另一條岔路。

「要放棄，還是繼續？」——這是內心對你釋出的訊息。

放棄也無妨，要繼續也可以。
只要從人生轉捩點開始，前方能夠閃耀著光芒就好。
在沒有被選中的那瞬間，有時會感覺自己彷彿被整個世界給遺棄，但其實很多時候，就只是這次不適合、緣分未到而已。
既然如此，那就選擇另外一條路，坦率的向前邁進就好。

寫給過去的我，寫給那天沒有被選中的你。

現在的你，想對當時的自己說些什麼？
因沒有被選中，而感到失落沮喪時，到底該怎麼做？
當你快被不安壓垮時，內心是否只想緊緊抓著浮木？

隨著人生經驗的積累，我們對許多事的看法會逐漸改變，當初那個沒有被選中的自己，未來也可能成為選擇的那方。

現在的我，有時甚至會這樣想：「反正我選不出來，讓別人選就好！」但倘若你無法成為選擇的那方，那麼無論經過多少歲月，將永遠只能仰賴別人做選擇。因此，我希望至少能由你自己做出選擇。

對過去的某一刻、對那些無法挽回的遺憾、對生命中最重要的人，我們時時刻刻都可能會後悔，但我們仍會持續向前，並且依然相信——人生永遠隨時可以重新開始。

人生或許是一連串的不被選擇，

但在這樣失落的日子裡，我們也能過得好好。

接下來，我將透過七張小紙條，重返過去那些沒有被選中的日子，帶你遇見嶄新的自我。

願這本書的存在，能為你的心點亮勇氣之光。

現在的我，寫給那天的你。
願人生中的那些落選時刻，都能成為一道光，照亮你自己。

第 1 章

畢業紀念冊上，我沒有合照

我的青春只有留白

「我們要收集大家的照片，放在畢業紀念冊裡，請大家記得把想放的照片交給負責畢冊的同學。」班代這樣說

坐在教室角落的我，靜靜的嘆了口氣。

老師宣布繳交期限的聲音似乎越來越遠，漸漸的，我也越來越聽不見之後的那些話了。

那是在初秋時分，大家紛紛開始穿上外套的季節。

對於老師在班會上的這項提議，班上同學似乎感到很興奮，實際上，這確實也是一個很好的提議。

• 老師將畢冊交由學生主導編輯。

- 由學生編輯專頁，可以提升學生們的滿意度。
- 看到孩子的照片，家長們也會很高興。

但我卻覺得，自己並不在那幸福的三角形[1]之中。

那些不同於平常，在戶外教學快樂燦笑的照片；運動會上跟朋友搭肩比YA的照片；還有社團活動結束後，每個人洋溢快樂充實的照片。

沒有。一張都沒有。

不管我在腦海中用「照片」這個關鍵字再怎麼搜尋，卻怎麼也找不到。

一想到自己竟然連一張合照都沒有，我心中不禁有些泫然欲泣。

1 源自個體心理學派創始人阿爾弗雷德·阿德勒（Alfred Adler）的「人生三角柱」概念。

我深深的嘆了口氣。

雖然這項活動並不是硬性規定，但我甚至連張入場券都沒有。

早知如此，倒不如一開始就交給老師隨便放幾張照片，這樣我至少還可以抱怨：「老師也太過分了吧，都沒有放我的照片！」

連這種怪罪老師的想法都出現了。

還有，老師常掛在嘴邊的「現在請兩個人一組」，也一直是我最害怕的。

如果找不到人跟我一起，怎麼辦？

即使幸運的找到了組員，也擔心會不會有人落單。

那個人會和老師一組嗎？

那個人會不會覺得不自在？

別人會怎麼看他？

那個人應該會很在意周遭其他人的眼光吧……。

我想起雖然不可能說出口，但自己在心裡總有這麼一句話：
「老師，你直接指定誰要跟誰一組就好了啊！」

一個不被想起的名字

一旦負面情緒的開關被打開，我的思緒就停不下來。過了幾年、幾十年後，大家總有一天會再度翻開畢冊，或許是搬家正在整理雜物，又或者是和戀人回憶過往。

當大家拿起放在書架上，悄悄蒙上一層灰的畢冊時，一定會很懷念過去吧……但在這之中，卻沒有人會想起我，這不就代表，我在所有人的記憶中都不存在嗎？

我很清楚卻也無可奈何，畢竟我真的很少參加社團活動。

小學時代的我，曾經很喜歡足球。

進入國中之後，因為早就打定主意要加入足球社，所以我很爽快的就報名了足球社的體驗活動。

但在那裡，我卻碰了一鼻子的灰。那時，我們一群人合力扛起巨大的球門，然後把它搬到指定的位置，後來又繞著操場跑了好幾圈。

基本上，只要是來體驗的新生，學長姐通常都會像招待客人一樣，非常的親切有禮。儘管如此，我還是倍感壓力。

一方面，國一和國三的學生，剛好落在成長期的前後。

雖然只相差兩個年級，但當我親眼看到學長們的體格和技術上的優異表現時，我仍感到望塵莫及。

「我這副模樣……。」

身材略顯單薄的我，突然對自己感到自卑，剛加入社團的熱情也迅速消退了。另一方面，也可能是擔心自己跟不上訓練，與其被學長拿來說嘴，所以總覺得倒不如早點放棄比較好。

足球場在學校的最裡面，距離校區步行要二十分鐘左右，沿途小路滿是碎石，街燈也稀稀落落。雖然夜晚的月色很美，但我也記得很清楚，自己總是低著頭走回家。

社團裡的幽靈成員

在小學時代，我還喜歡將棋[2]。

一九九六年播出的ＮＨＫ晨間劇《雙胞胎》就是以將棋為主題，那時的我看得可入迷了，每天早上都會準時收看。

後來父親幫我買了將棋盤，一有時間，我們就會一起下棋，或是買詰將棋[3]的書來解題。

「要下將棋嗎？學校有將棋盤喔！」當我跟同學聊到將棋時，我才得知學校原來有將棋社。

「好，來下一局吧！」我們走向鋪有榻榻米的作法教室[4]。

在這個遠離學校喧囂、充滿榻榻米香味的寧靜空間，正是將棋社的主要活動據點。

放學後，幾個文化系[5]的學生會聚在這裡對奕。因為氣氛就像同好會一樣輕鬆，沒有拘謹的上下關係，我開始經常來這裡。

有時贏、有時輸，大家對局過招後，還會討論「我這一步真是神之一手」之類的感想和策略，有時甚至玩到不想回家。

這裡沒有頤指氣使的學長，也沒有會頂撞人的學弟，只有棋子落在棋盤的清脆聲響，與同好一起度過悠哉的時光。

但也沒持續多久，我成了社團裡的「幽靈成員」。

為什麼沒有繼續下去？

繼續參加不是很好嗎？

2 日本將棋，類似於臺灣的象棋。
3 將棋的殘局練習，類似「數獨」遊戲。
4 日本傳統禮儀教學的和式空間。
5 日文流行用語，指偏好靜態活動的人。反義詞為體育系，代表個性較為活潑、外放。

那裡或許能成為我的歸屬吧？

現在的我，或許會這樣告訴自己。

但我想了一會，又改變了想法。

要找到一個屬於自己的地方，必須兼顧安全感和刺激感。能夠安身於一個地方，比任何事都重要，因為這將為你帶來心理上的安全感。但同時，我們也會感到興奮、莫名的焦躁，以及為接下來會發生什麼不可預期的事而雀躍不已，並藉由這種刺激感，為日常生活注入活力。

只有安心感的人生，日子只會越來越無趣；但只有刺激感，也同樣令人難以承受。只有兼具這兩者，才是真正屬於你的所在。

總覺得，我想要更多其他的可能性。

現在回想起來，或許當時是出自這樣的直覺，我才覺得自己並不屬於這個地方。

儘管現在的我認為，**所有經歷都是未來的伏筆，即使當時沒有堅持下去，**

那段經歷仍是有意義的。

但當時的我，還找不到自己的容身之處，就像被裁判發了兩張黃牌、勒令退場，每天對生活也逐漸趨於消沉和膽小。

我是「回家社」

休息時間，我總是獨自閱讀書籍。

受到喜愛閱讀的父母影響，我深深愛上了懸疑小說。

然而，也正因為喜歡看書，我終於不再那麼孤單，甚至可以說，書裡的世界成了我心靈上的避風港。

當然，也許這是因為沒事可做、也沒有朋友可以聊天的我，能做的，就只有待在那個地方而已。

某天放學後開班會，老師遲遲不肯宣布下課。

既然都已經放學了，大家都希望能夠早點離開，我也暗自期待老師趕快結束話題。

於是，我一邊聽著老師說話，一邊默默的把當天的教科書和筆記本放進書包，準備好隨時要回家。

「值日生，請結束今天的會議。」

「謝謝老師！」

全班一起說完之後，我立刻提起書包，快步往教室門口走去。

現在是下午三點二十分。

如果腳程快一點，說不定還能趕上三點三十分的公車。在鞋櫃換上室外鞋，我氣喘吁吁的趕往公車站。

加油啊，跑起來吧！

這就是我。

要參加團體活動的同學們也跟我一樣，衝出教室。

我快步向前，一邊瞥了他們一眼，不過我單純只是急著回家而已。

最終，書本成了我的朋友。要是有「回家社」，我肯定會是王牌，也只有這樣自嘲，我才得以維持平常心。

我上氣不接下氣的上了公車。

「為什麼這孩子這麼趕？」司機投向後照鏡的目光，使我有些心虛。

我，不該是這樣的吧？

電車一路晃悠悠，我花了一個小時才回到家。

「嘿，你在看什麼書？」有次在回家的路上，我被其他學校的不良少年找麻煩。

一想到他們就算聽到書名，也不會善罷干休，但也不想像電視劇裡那樣反抗，所以只好當作沒聽到，然後默默的忍下來。

即便被嘲弄無聊，我仍持續不搭理他們。

畢竟當時的我無法回嗆：「你們這些人才無聊！」

回到家後，我第一件事就是問媽媽：「有順利錄到嗎？」

「錄下來了，在那卷錄影帶。」

那時還沒有ＤＶＤ或硬碟錄影功能。

不知道從什麼時候開始，我每天都會收看媽媽幫我預錄、由塔摩利主持的電視節目《笑一笑又何妨！》[6]。

我打開冰箱門，拿出牛奶和咖啡紙盒，將牛奶和咖啡以一比一的比例，倒入玻璃杯——一切準備就緒，就只為了在傍晚獨自享受，這個為全國觀眾帶來歡笑和感動的節目。

其中，我特別喜歡「電話驚喜」這個橋段。

在節目中，每天跟塔摩利對談的來賓都不一樣。

當天的來賓會致電給下一位來賓，邀請對方上節目。雖然自己還只是個學生，但我也能猜想到，那肯定不是突如其來的邀請，而是事先安排好的。不過，「哇！原來他跟那個人有聯繫！」這種看似意外的人際串聯，讓我特別喜歡這個企劃。

這不正是人與人之間的連結嗎？

單是收看這個節目，恍若自己也置身於那份友誼當中，並藉此獲得了某些慰藉。

當節目進入尾聲，播放起片尾曲時，我將咖啡牛奶一飲而盡。

我靠著椅背往後仰，陷入深思。

現在還只是傍晚六點，在和家人共進晚餐之前，可以繼續看書，也可以先把功課做完。

對於現在的生活，我沒有什麼特別的不滿。因為學業成績還不錯，父母也沒有唸我，但在我的腦海中，總是有個聲音在迴盪著。

「我，不該是這樣的吧……？」

腦中亂哄哄的不安正逐漸蔓延開來。

6 日本搞笑藝人、主持人塔摩利，以其本名「森田一義」的名字，主持《笑一笑又何妨！》，該節目已於二〇一四年三月底停播。

沒人討厭我，也沒人喜歡我

在某天回家的路上，我內心感到格外雀躍。放學後，我難得跟同學一起去搭公車。但我和他似乎還不到朋友那般熱絡，所以兩人之間的對話就像洩了氣的皮球，顯得有氣無力。

在男女混班的國三生之間，聊天的話題大都是誰跟誰比較好，或是哪兩個人正在交往，還有誰跟誰的關係不好等人際八卦。對這類話題，我總是以「喔」或「原來如此」，一副好像懂、又好像沒聽懂，有些敷衍的回應著。

「怎麼樣？」

我突然意識到那位同學在問我話。

「嗯？」

「最近怎麼樣？」

「哎，只要沒人討厭我，應該就還好吧。」

「……這樣啊。」

我不記得他說這句話時臉上的表情。

應該說，是我不敢轉頭看他的臉。

因為在那句話脫口而出之後，我就後悔了。

雖然我也想故作鎮定，但反而浮起許多問號：「真的沒事嗎？」

感覺好像撒了一個小謊。

自己說的是真心話嗎？我真的沒事嗎？

自己真正想要的，是什麼？不應該是現在這樣的吧？

其實，自己還想說更多真心話吧？

我確實察覺到，沒人討厭我其實也意味著：沒人特別喜歡我。因為跟任何人都沒有太多交流，在這樣的環境下，也就沒有所謂的好或壞。一向沉默寡言的我，內心堆積了太多想說的話。

但不主動踏出第一步，就不會有任何情緒的波動，不會有新的感受萌芽，不會有任何新的成長。

什麼都不做，什麼都不選。所以，也不會被任何人選中。

一個人確實很自在，但我也不喜歡孤單。

這一刻，我強烈渴望能與某人建立連結，雖然不知道該怎麼做，但我希望能回應心中的這份期盼。

寫著寫著，我寫出興趣

人的改變並非在一夕之間，除了有階段、有預兆，往往還需要來自內在的動力。

而對我來說，那股動力或許是因為，曾有人呼喚過我的名字，並且稱讚我做得很好。就像護身符一樣，只要有那麼一次被人稱讚的經驗，就能鼓起勇氣繼續向前。

那是在某次理化課。

由於學校的教育方針和理化老師的熱忱，這堂課總是有不少實驗教程。搖晃燒瓶、透過顯微鏡觀察、用石蕊試紙細看色彩上的變化，這些實驗帶給學生的體驗，是從教科書上無法獲得的。

後來，老師給大家出作業，要每個人根據當天實驗內容寫一份報告。

我還記得，那節課教的是電力。

當兩顆電池串聯時，小燈泡的燈光會更亮；兩顆電池並聯時，燈泡的亮度不變，但電池的使用壽命會加倍。

這項作業只需要根據實驗和教科書、參考書，寫出兩、三頁的報告。我也知道，老師對內容並沒有太大的期望，但我依然能感受到老師對教學的熱情和認真，所以還是想要把報告做好。

既然要做，就想看看自己有多少能耐，並且把這項任務當作一個機會。既然有這樣的機會，不如就寫出一份專門給老師看的報告吧。

身為「回家社」的成員，我有大量的時間可以整理報告。

從最基本的「電力是什麼？」開始寫起。除了課堂中的實驗，我還探討了一些沒有被提到的狀況，例如在某種條件下，或是在另外一種情況時，可能會出現的不同模式。寫著寫著，我也開始覺得有趣，一頁接一頁，用手寫的方式仔細記錄下來。

最終，我帶著愉快的心情交出了將近二十頁的詳盡報告。

人際就像電路，先有連結才有火花

就像等待暗戀對象回信時心跳會加速一樣，等候報告發回來的日子，可說是既期待又怕受傷害，其實我也有點擔心老師的想法。

原來當事情跟自己有關時，心情起伏會如此之大。

我在心中默默祈禱著。

雖然寫報告時，我很享受那份探索的樂趣，但出乎意料的，我希望能獲得老師的認同，而且也有點期待自己能在班上變得更顯眼。

在實驗室的課堂上，老師開始講評。

「接下來，我要公布報告寫得很好的同學的名字。」

然而，被點到名的——卻不是我，而是另一位善於交際、總是活躍於班上的同學。

就像咖啡飛濺在潔白的布面上，失落的感受在我心中逐漸蔓延。

「枉費我花了那麼多時間……，好希望努力能夠得到回報。」我的心聲在不經意間表露無疑。

「接下來，我要宣布這次報告寫得最好的人。」

整個實驗室的同學都屏息以待。

老師公布之後，所有人的目光都聚集在我身上。

寫得最好的人，正是我。

「我知道你一直都很努力。」我似乎從老師那裡，隱隱約約感受到這樣的訊息。

報告發回來後，一下課，同學都跑來找我聊天。

「真厲害！你都寫了些什麼？讓我看看！」

這對我來說，簡直是不可置信，這樣的變化更是我始料未及的。

但現在回想起來，對於現在從事撰寫企劃書和簡報工作的我來說，那次被當眾表揚的經歷，其實就是一切的開端。用盡心思，再將想法轉化為文字，這個過程就是建立人際關係的小小魔法。

我曾經覺得，自己在班上很不起眼，似乎也不屬於任何小團體，因此總感受到些許疏離。但，事實並非如此。

就像電路一樣，與人產生連結，會逐漸點亮心中的燈火。同時，也會越來越渴望與人持續建立關係。

「我想要改變。」這份真摯的情感，讓我開始思考，該如何更深入的與他人產生連結。

有人陪伴，一切都會好起來

一般而言，即將畢業的國三生，能夠參加的社團並不多。但在直升高中的附設國中，為學生提供了一個「提前起步」的社團活動。那就是美式足球社。

美式足球在比賽時，可以隨時更換隊員。因此，隊伍人數越多，在策略上可以有更多運用的空間。因為可以上場的位置多，所以無論是什麼樣的體格，都很容易找到自己擅長的路線。

當時，日本漫畫《光速蒙面俠21》[7]尚未問世，美式足球還不是主流的運動項目。但實際上，社團的招生十分熱絡，有時，身形魁梧的高中生們還會特地來國中部招生。

或許是受到班上同學的影響，在得知有人正準備從棒球社轉到美式足球社之後，我便開始有點興趣了。

就像變身一樣，戴上頭盔、護肩，然後相互撞擊——很明顯的，這是一個充滿刺激、新鮮感的運動。

總覺得，像足球或籃球這種大家都熟悉的運動，對現在的自己不太會有什麼影響。但不知不覺間，試著踏入這個未知世界的想法，早已悄悄在我心中萌芽生根。

於是，我向同學問道：「我也可以跟你一起去嗎？」

同學爽快的答應了，這令我感到很高興。

有人陪伴，相信一切都會有辦法的。

那是在臨近冬天的寒冷日子。

我們朝美式足球社走去。

明明其他社團都有自己的教室，就只有美式足球社的社辦是在倉庫。

我記得，以前曾經過這附近，但一直不知道裡面的樣子。

我朝那扇門伸出冰冷的手，站穩腳步，奮力向上拉。

喀噠喀噠的聲音迴盪在走廊上，彷彿推開了一扇通往嶄新世界的大門。

7 由稻垣理一郎原作、村田雄介作畫，二〇〇二年至二〇〇九年在《週刊少年Jump》連載的漫畫；單行本共三十七集。

從孤獨中誕生的決心

這或許是社團的傳統。

參觀的第一天，我就被要求立即試穿頭盔和護肩。雖然感到有些疑惑，但看到映照在窗戶上自己的身影時，我感到前所未有的自信。

那是一連串的驚喜。

大家拚盡全力的撞擊對方，甚至有人被撞飛了。

什麼情形？現在是什麼狀況？

「嘿嘿、嘿！」不知是挑釁還是鼓舞，球場上的叫喊聲此起彼落。

明明之前還對人際關係感到膽怯，但現在的我，卻是每天衝撞別人。

我必須扛起衝刺練習用的二十公斤沙包，走完一條碎石子路，接著經過以前有不好回憶的足球社，然後抵達美式足球場。

社團的練習確實很嚴格，我有時也實在跟不上，但跟過去比較起來，現在真的好多了。

我曾經覺得孤單，覺得好像沒有人會記得我。

也曾問自己，為什麼會變成現在這樣？

為什麼我就得經歷這些事情？

在那段日子裡，我總是不斷的自我批判。

但我再也不想回到那時候了。無論發生什麼事，都要堅持下去。

從孤獨中誕生的決心，現在正支撐著我。

我想再換種說法。

孤獨，其實是人生的起點。

那時候，我選擇獨自一人，和自己進行了許多對話。

也許在那些日子裡，充滿了自問與苦惱，但我認為，那不僅是認識自己的美好時光，同時也是不可或缺的。**假使沒有經歷過孤獨，我可能不會鼓起勇氣**

追求自己真正想要的。

當你願意踏出那一步，才能找到屬於自己的地方。

孤獨不是件壞事。

無論什麼時候起步，都不要緊。

當時機到來，你一定能再出發。

孤獨並不是件壞事，
而是認識自己的美好時光，也是人生的起點。
當時機到來，你一定能再出發。

第 2 章

所有志願全數落榜後

真正的歸屬

在接觸美式足球後，我的身心也產生了翻天覆地的變化。

剛開始，我還只是個瘦弱的眼鏡仔。

「我做得到，我可以繼續堅持下去。」

因為我知道，只有這樣想，我才能拿到象徵改變的勳章。

於是我開始鍛鍊腹肌，希望至少有一件事能讓自己引以為傲。

雖然有點害羞，但我覺得有腹肌看起來真的很酷。

我固定雙腳，將意識集中在腹部，一邊吐氣，一邊緩緩抬起上半身。積極把握瑣碎的時間，努力增加仰臥起坐的次數。

「感到痛苦時，更應該咬牙硬撐。」

這種思考方式，是我在認真鍛鍊肌肉時培養出來的。

有時在家，洗澡完後，我還會站在鏡子前，揮拳捶打起自己的肚子。要是爸媽看到這一幕，他們可能會擔心。但當時我最喜歡的雜誌，就是健康雜誌《Tarzan》[1]，其中刊載的拳擊訓練，據說對鍛鍊腹肌格外有效。我的執著及渴望，總算讓腹肌有了明顯的線條，這使我感到自豪。日復一日的重訓，加上正逢成長期，我終於從一個瘦弱的眼鏡仔，成為健壯的肌肉男，同時也開始改戴隱形眼鏡。

學生手冊上每年的大頭照，看起來都不太一樣，這樣的變化也讓我感到十分有趣。

但最重要的是，在這當中，擁有共同經歷這些變化和成長的夥伴，比什麼都讓我感到開心。雖然有時會抱怨練習真的太辛苦，也曾看著天氣預報，暗自希望下場雨，搞不好就可以不用練習了。但不可思議的是，有同學、學長、學

1 於一九八六年創刊的日本健康雜誌，讀者群以男性為主。

弟在身邊，總覺得自己什麼都能克服。

也許真正的歸屬，是在人與人之間形成的。

能夠擁有一個屬於自己的地方，以及共同奮戰的夥伴，對我而言，是最寶貴的體驗。

一場輸到底的比賽

我升上了高中三年級。

「預備……開始！」

隨著笛音響起，球場上的練習賽正式展開。

回想起剛加入時，光是要跟上練習都很吃力，但現在，我的動作和姿態都已風采煥然。

不知不覺球場已陷入一片漆黑，我一邊不斷的與隊員確認陣型，一邊試圖提升完成度。

「糟糕！該回去了！」

一名隊員朝時鐘看了一眼，大聲喊叫。

大家連忙回到社辦，將滿身泥巴的練習服換成制服，然後一起去搭公車。

而在那裡，足球隊、籃球隊和棒球隊已在排隊，他們的大賽也即將到來。

大家互相交換了一下目光，打招呼說：「辛苦了。」

每個人都在努力追求自己的目標，這就是青春吧。

每年都會舉辦兩次美式足球的地區聯賽——春季大賽與秋季大賽。

秋季大賽後，社團中將組成新的隊伍。考量到高三學生即將準備考大學，因此基本上，在春季大賽結束之後，他們就會退役。

在上次的秋季大賽中，我們在第一場比賽就輸了。

因此，大家為了能在春季大賽中取得勝利，都非常努力的練習。

四月春季大賽，終於來到。

我們一下子就被淘汰了，而且還不是只差幾分而已的程度。儘管在比賽最後一局，我們終於展開了攻勢，但對手已經將差距拉到二十分以上[2]。如果用足球來比喻，就類似「四比一」的情況，與對手間的實力落差一目了然，就是想贏也贏不了。

眼看比賽最終局的分數差距拉大，時間一分一秒的流逝……在無法挽回的頹勢中，我是否可以努力堅持到最後一刻？我是否咬牙苦撐了下來？我是否有留下些什麼？

在無力且失落的歸途中，我的內心充滿了遺憾。

無論用什麼方法都可以，我想要抹去這落敗的事實。

對了……我還有考試啊！

即將到來的大學入學考，是人生另一場重要戰役。

在學業上，我一定可以做得更好。

我要贏，我想贏，我絕對會贏的。

為了證明自己的能力，我更加堅定了自己的決心。

---

2 比賽包含四小節，每一節十五分鐘，總共劃分上半場、下半場。

你在哪裡，夢想就在那裡

屬於我的夏季大賽將至。

當時的我，非常大膽的將目標設定在有點難度的國立大學——第一志願是法律系，夢想是成為一名律師。

我始終認為，在周遭事物的影響下，夢想會逐漸染上色彩，其實這也是來自電視劇的影響。

當我還是個小學生時，每天早上，我都會看完NHK的晨間劇再去上學。

當時，我曾被一部名為《向日葵》[3]的劇集所打動，該劇描述女主角立志進入律師界，挑戰司法考試，因為想從事能夠拯救人心的工作，她從各種不同的角度審視事物，陪伴他人並給予協助，甚至成為他們人生中的力量。

即使上了高中，我對這種不懈精神的憧憬，依舊沒有任何減退。這份想要更接近主角的心情，反而成為我的動力來源。

「結果好，就一切都好。」

正如同這句話，我也希望自己的高中生活能劃下完美句點。

戰場已從球場轉移到書桌前。

自從放棄社團活動之後，我放學後就一直待在圖書室。

不僅是我，許多同學們也開始埋首於書桌前。

雖然當時不少人都有掀蓋式手機，但由於社群網路還沒那麼普及，所以大家大多時候只是靜靜的看著書。

在這裡，不會有滿身的汗水或泥濘，但在冷氣圖書室內，卻隱約充滿了炙熱的較勁氛圍。

3 一九九六年，NHK第五十四部晨間劇。

參考書，一本就夠

國立大學的入學考，通常是由大學入試中心測驗[4]（現稱為「大學入學共通測驗」）與二次測驗的總分，來決定分發的學校。

雖然在下定決心時，就已經做好了心理準備，但面對五大教科、七個科目[5]的考試，這些繁複的過程就像比賽一次碰上七位難纏守門員，依然使我倍感焦慮。

為了準備考試，我參加了暑期課輔。

在回家的路上，原本只是想轉換心情而走進書店，但在不知不覺間，卻發現自己在放滿紅色題庫的書架前，停下了腳步。

我拿起志願大學的題庫，輕輕用手撫過學校的名字。

就像要激勵膽怯的自己，我總會順手買一本看起來很實用的題庫或參考書。就這樣，重複了好幾次。

隨著時間流逝，我的書包變得越來越沉重，老師這才叮嚀道：「只需要一本就夠了。反覆研讀一本書，效果會更好。而且，最關鍵的重點，其實已經全都寫在教科書裡了。」

「早點說嘛……。」面對家中堆積如山的題庫和參考書，我不禁這麼想。

結果，為了決定專心研讀教科書，整本書全都是螢光筆的劃記。

「這樣反而不知道什麼是重點吧？」同學們笑著說。儘管我也這麼認為，但總覺得沒留下一些記號，就是不太放心。

4 類似於臺灣的學測，從一九九〇年開始實施；以下簡稱為「中心測驗」，可依個人分數，申請對自己較有利的學校；各個大學的入學考試，則稱為「二次試驗」。

5 日本自二〇二五年開始，已改為六教科、八科目；實際科目則依文組、理組，略有不同。

考上第一志願的可能性

秋季的試煉到來。

我幾乎報名了所有能夠參加的模擬考。

將正式應考的大目標，劃分成幾個短程的小目標，我選擇先集中精神在即將到來的模擬考並持續努力。

「真希望成績能明顯進步！」

但現實卻是背道而馳，我的成績一直停留在及格邊緣。

某天模擬考成績公布後，在等候電車的月臺上，我跟同學之間的對話顯得小心翼翼。

「你最近成績怎麼樣？」

被這麼問道，我顯得有些不知所措。

書包裡有模擬考的成績單，我原本打算直接拿給他看就好，但我卻猶豫了。老實說，我的成績並不理想。

「呃，大概是C[6]吧。哎呀，考得還真難呢！」

我只好撒了個小謊，心裡其實覺得有點丟臉。

「喔喔，C啊！那很不錯嘛！」

聽同學這麼回答，我感到更愧疚了。

事實上，第一志願的評分是E，合格的可能性只有二〇%以下。但換個角度來說，不就等於五次就有一次合格的機會？這一瞬間，我覺得人生似乎有希望了，但又馬上想到，這等於五年只能考上一次，隨即又陷入絕望的深淵。

6 日本高中成績評定分A⁺、A、B、C、D、E、F，C為中等、F為學習失敗。

人的情緒猶如擺動不定的鐘擺。

這完全取決你自己，想相信什麼而已。

回家後再看一次成績單，我闔上它，深深嘆了一口氣，再度坐到書桌前。

認真，但不要沉重

即便到現在，我有時仍會想起那段令人感到痛苦的日子。

隨著冬天的腳步將近，學校會舉行正式的大學模擬考。

由於考試地點就在平常的教室，所以多少有種「回家」的感覺。

考試結束後，或許是因為放鬆下來，氣氛顯得有些騷動，即使老師走進教室，全班仍鬧哄哄的。

原本只想認真準備考試的我，心情開始變得沉重。

是不是只有自己被拋在後頭？

一想到同學的笑鬧聲，彷彿就像在嘲笑狼狽不堪的我一樣，我終於再也無法忍受。

「你們安靜點啦！」我失控的放聲吼叫。

教室瞬間一片寂靜。

沒想到反彈那麼大，連我自己都被嚇到了。

老師隨即從旁緩頰，但我還是對自己的反應感到十分震驚。或許是由於一直拿不到好成績，因焦慮而導致情緒失控。

有時，總會看到一些前輩憑藉著在社團活動中培養的專注力，迅速提升成績。但這樣的奇蹟，在我身上似乎一點徵兆也沒有。

從離家最近車站回家的那段路，令人感到莫名寒冷且昏暗。我一邊踩著腳踏車，一邊向考試之神祈求。

「拜託，真的求求祢了，我會更努力的……。」

再怎麼說，我都不可能就這樣放棄。

因為，美式足球社的落敗，真的讓我感到非常不甘心。

越努力，越不安

決戰的冬季到來。

我越來越常一個人去上學，一個人回家。

這是我自己的選擇。只要有時間，我就會伸出冰冷的手翻動單字卡。

我想趕上、甚至超越全國的對手。

「聽說那傢伙，已經考上推薦的學校了耶！」

即使聽到同學在討論，我也沒有一絲動搖，只是靜靜的翻開了題庫。

能從未知的不安中提前解脫，我確實打從心底羨慕。

但是，我也意識到，之所以會感到不安，是因為自己一直都很努力。現在的我，只想將這股不安轉化為能量，一步步的邁向成功。

為了激勵自己，我不斷重複聽著皇后樂團（Queen）的《我們是冠軍》（*We Are The Champions*）。這條路絕對不輕鬆，但我也告訴自己不需要整天憂心忡忡，直到一切結束為止，都要持續與自己戰鬥，有時也可以透過音樂來提振精神。

即使到現在，每當聽到這首歌，我都會立刻回想起當年的自己，也會再度湧現考試就是人生的一切的那種緊迫感。

無論是在學校還是在家，我都坐在書桌前。

這個場景就像坐在太空船的駕駛艙，已經輸入了目的地，每天都在不斷向前航行。但，是否能順利抵達目標，完全無從得知，只能持續不斷的前進。

即便如此，也可能在意想不到的地方臨時迫降吧……。

每天在妄想的宇宙空間中載浮載沉的我，有天看到母親特地準備了飯糰宵夜，那份溫柔使我不禁紅了眼眶。

不合格通知

我的應考策略是這樣的。

總之，先在中心測驗中取得高分，並且利用這個分數取得私立大學合格的保障。

沒有理由不好好利用這種一箭雙鵰的制度。考慮到萬一中心測驗考不好，至少還有私立大學可以申請，我打算保底（按：指一定會錄取）之後，再來挑戰第一志願的國立大學入學考。

一月中旬，來到了中心測驗考試當天。

「開始！」

監考員一聲令下，整個考場掀起翻動試卷的聲音。

為了充分利用考試時間，即使遇到不會的問題，我也會用鉛筆塗滿答案卡上的某個選項。一定要全力以赴，我在心中為自己加油。

後來，到了中場休息的時間，有些人開始討論前面科目的問題。為了避免自己被對話影響，我迅速吃完午餐後就返回考場。

為期兩天的中心測驗，會在第二天的報紙上公布第一天的答案。我心想，還是先不要對答案，以免影響到第二天的考試。就這樣，我抑制住對答案的衝動，繼續第二天的考試。

考試結束後，父母特地開車來接我，但一路上不發一語。見到用盡所有力氣的我，他們只是說：「辛苦了。」但我覺得，他們其實很想直接問：「考得怎麼樣？」然而，這對我來說，已是最好的慰藉。

第二天，自我評分。

「太好了……！」我也希望能夠節奏明快的劃上圈圈，但在對答案的同時，我漸漸停下了手邊的動作，每一科的節奏都開始崩潰。

「結束了……。」

不但沒有達成目標分數，可能甚至連私立大學的標準也達不到。

幾天後，家裡的門鈴響了，郵差送來一封信件。

是中心測驗利用入學的結果。我趕緊拆開。

果然，是不合格。

不，雖然早就已經知道，但當這個消息以文字的形式抵達時，先前的努力逐一崩解。

我突然感到十分不安。

當准考證變成一張張廢紙……

還沒完，考試還沒有結束。

一月下旬，我打算為自己留條後路，參加了某私立大學的入學考。不知是臨場無法發揮，或是原本就缺乏實力，結果還是不合格。保底的學校繼續往下，往下，再往下。

當然，絕不是抱著隨便的態度應考，但缺乏充足的應試策略，怎麼可能輕易考取？到了這個階段，我才發現自己似乎太小看保底學校的入學考試。私立大學的入學考，報名費用動輒超過三萬日圓[7]，而且我還報考了好幾所。光是做個簡單的乘法，我就感到胸口被狠狠揪緊。

在發現准考證變成一張張廢紙的某個晚上，我的父母告訴我：

「反正也不用支付入學金[8]，所以還好啦。即使考上很多間，你也只能選擇其中一間。而且，第一志願還在等著你吧？」

他們似乎是在告訴我，要相信自己，畢竟我一直在為第一志願做準備。

在這當中，只有一個好消息。

假如中心測驗的分數達不到一定的標準，就會被國立大學「砍掉」。就像被迫吃閉門羹一樣，連考試的機會都沒有。但我的分數剛好低空飛過，取得第一志願的挑戰權。

7 全書日圓兌新臺幣之匯率，皆以臺灣銀行在二〇二三年十月公告之均價〇．二〇元為準，約新臺幣六千元。

8 除了學費之外，日本大學入學前，都要先繳一筆入學金，金額從二十幾萬日圓到上百萬日圓（約新臺幣四萬元至二十萬元）不等。

努力過，就夠了

二月中旬。

我參加了兩所難度極高的私立大學入學考。

依舊沒有任何把握，唯一的感想只有「好難」。

其中一所學校，在國立大學考試的前一天公布了合格名單。

我原本想藉此獲得一些信心，再去面對第一志願的考試。於是，我點開了放榜的網站。

我的准考證號碼……沒有出現在上面。

另一間私立大學，則是在國立大學為期兩天考試的第一天公布結果。

「連說喪氣話的時間都沒有……。」我這樣想著，一邊繼續面對書桌，複習教科書和題庫。

我只想說一句話。

雖說黎明的夜是最黑暗的，但這也太暗了吧。

二月下旬。

終於來到了國立大學考試的當天。

直到現在，我仍然記得那天早上跟母親的對話。

「你已經努力過，這就夠了。」

我從母親的話語中，感受到一股堅韌意志，以及接下來只能全力以赴的勇氣。就像還沒有爬過高尾山[9]，就追求富士山登頂一樣，有勇無謀的測試自己的實力，結果就是一場災難。

儘管如此，這就是我想嘗試攀登的第一志願。

「你已經很努力了，就放手去做吧。」母親將我送到了門口。

在志願全數落榜的狀態下，我前往參加為期兩天的第一志願入學考。

9 位於日本東京都西部的八王子市。

黑夜總會迎來黎明

國立大學入學考試，第一天。

我心想，原來這就是所謂的全神貫注。這很可能是我這輩子消耗掉最多葡萄糖——腦部能量來源的一天。

考試結束之後，我立刻就回家了。

手上拿著另一間還沒有查詢結果的私立大學准考證，我打開了與家人共用的電腦。

其實，我有預感結果可能不盡理想，但還是必須確認一下。

我打開網站，仔細確認有沒有自己的准考證號碼。

……我的號碼沒有出現。

也許是看錯了，我再檢查一次。

還是沒有。

喀噠喀噠，就像在祈禱一樣，我反覆點擊更新的按鈕。再次往下滾動滑鼠滾輪。

就在我心想：「果然沒有嗎？」一邊將畫面滾動到最底部的瞬間，發現了個「候補合格」的字眼。

「啊。」

我的號碼就在那裡。「候補合格Ｂ」。

我對這個完全沒有預料到的狀況感到驚慌。而且，Ｂ是什麼？

經過仔細查詢，我發現每年都有少許從候補晉升為合格的名額。前一年的話，是只有「候補合格Ａ」取得合格的機會，最新消息會不定時更新在網站上。

沒、沒想到……。

不，現在還不知道會怎麼樣。

但是，黑夜總會迎來黎明。只要有一絲光芒，似乎就能夠鼓起勇氣面對明天的考試。

候補合格B

國立大學入學考試，第二天。

無論最後是哭還是笑，這一天都將是我最後的應考日。

帶著再挑戰一次的堅定心情，我前往考場。

在回家的路上，雖然看到了一些同學，但為了避免彼此尷尬，我還是獨自一個人上了電車。

我戴著圍巾和手套，一邊聽著音樂，一邊跟自己對話。

「辛苦了。」我對自己這麼說著，然後回家。

從那一天開始，我每天都在電腦前等候消息。

沒有任何更新。我靜靜的坐在椅子上，看著畫面切換成螢幕保護程式。在漆黑的螢幕上，映照出我那近乎祈禱般的神情。

隔天我也上線了，並且連續點擊更新按鈕。

這一刻，我心中充滿了不可思議的感受。

過去的我總是想著，即使要踩著別人，自己也一定要考上。

但現在，每次更新網頁時，我心裡想的卻是：「我的對手們，拜託你們都考上第一志願吧！」

如果是這樣，應該會有多一點的名額吧。

在第二天和接下來的日子裡，我持續造訪網站，同樣反覆按下那個更新按鈕，直到第一志願公布合格名單的前一天。

「出現了。」我的聲音帶著顫抖。

漫長且幽暗的黑夜終於迎向破曉。

「候補合格B」獲得了晉升的機會，我合格了！

只有一點是我完全沒有預料到的。

那所合格的私立大學，我填的科系是經濟系，而非法律系。

因為那所大學的經濟系非常有名，當初也只是抱著志在參加的心態。雖然這些都不在計畫內，但我心想，既然都走到這裡了，就接受這個現實吧！

沒有全力以赴，哪來了無牽掛

隔天，我直接前往第一志願的國立大學查看榜單。

我的號碼沒有出現在上面。

正式落敗了。我沒有被選上。

穿過正被大學美式足球社高舉慶祝的人群，當我逐漸遠離公布准考證號碼的布告欄時，我心裡是這樣想的——再見了，謝謝。

這所大學的存在，讓我蛻變得更加堅強。

此時此刻的我，竟帶著一臉灑脫。

在終點等待著我的，是敗北後的了無牽掛。

我終於走到了這裡。

向學校報告第一志願落榜，將選擇候補合格的私立大學時，有老師鼓勵的說：「運氣，也是實力的一部分！」

不過，對現在的我而言，這樣說可能更加貼切：

「運氣也是命運的一部分。」

那個永不言棄的我，一定會被看見。而我也一直凝視著自己，知道自己付出了多少心力與時間。

當我決定勇於面對自身無法掌控的事情後，剩下的就是將自己交付給命運。引領我的光輝，必將如期而至。

比起考上、考不上，我真心覺得，總有一天一定會喊到我的名字。

我已經能夠相信，黑夜總會迎來黎明。

永不輕易放棄的你，一定會被看見，
剩下的就是交付給命運；
引領你的光輝，必將如期而至。

第 3 章

給那天落選的你

迎新搶人大作戰

如果可以的話，我想把飯碗裡的每一粒米都吃光。

假如是出自內心真正的渴望，那更是如此。

無論吃東西或學習，都是在吸收對自己有益的事物。所以，我也想好好體驗那份因候補合格意外帶來的大學生活。

在入學前，我的幻想逐漸膨脹。

無論是打工、參加同好會或社團，應該都會令人難以忘懷，甚至可以一邊讀書，一邊考些證照。

在研討會中，和同學高談闊論，或許還會得到學弟妹的崇拜……連這種老掉牙的夢想都出現了。

高中時代，我不是泡在美式足球社團，就是拚命的準備升學考，所以我想盡情享受大學生活。

走向入學典禮的我，心中的渴望宛若盛開的櫻花。那種在寂靜中襯托出的莊重氛圍，與國、高中時期沒有太大的區別。真正讓我驚訝的，是入學典禮結束後，走進校園時的情景。

那彷彿是一場慶典。

許多社團和同好會都在發放傳單，進行迎新搶人大作戰。

「恭喜入學！之後有空來看看吧！」

「你多高啊？體格真好。」

可能因為體型的關係，許多體育社團的人主動向我搭話。

就像吃碗子蕎麥麵[1]的節奏，傳單接連不斷的遞到我手上，不知不覺雙手都被塞滿了。

1　將一口份量的蕎麥麵裝進小碗中，因此又被稱作「一口蕎麥麵」。

「我們還會提供一些選課上的建議，記得來喔！」

接下來的幾天，許多社團都會舉辦迎新派對的歡迎會。要去哪個社團，完全是我的自由。

這種自由有太多的未知，使我心中充滿了期待與不安。

除此之外，每個班級還有大學生活的入學指導。即使我走到了指定的教室和座位上，大家的熱情仍令我感到有些飄飄然。

我到底想選什麼？

我一直猶豫不決。

收到的那些傳單，似乎有無限的可能性。

玩樂、旅行、製造回憶，有些社團看起來格外燦爛且有趣。

當然，參加體育社團，全心投入運動也是不錯的選項，或是撥些時間打工也蠻不錯的。

我到底想選什麼……？

但其中，有一個念頭特別強烈。

我想繼續在美式足球場上揮灑汗水。

因為特別喜歡與隊友同心協力的那瞬間。我接著自問，選擇其他運動不也挺好的嗎？

不，我永遠記得，高中時的那一天，在最後一場美式足球比賽中，徹底落敗的自己。原以為考試的遺憾已抹去我對這項運動的熱情，但我發現，自己並不想就這樣結束。

那麼，就大膽的選擇體育社團吧！儘管如此，我還是猶豫是否該將大學生活的一切都投注在這上面。

如果能再果決一點就好了……。

就在這個時候，耳邊傳來了：「來我們的準體育社團[2]踢美式足球，也可以一邊打工、參加研討會喔！」

現在回想起來，對大部分的新生來說，參加各種活動或許是很常見的想法。但這宣傳口號彷彿直擊我內心渴望般，無疑用力的推了我一把：「好，就是這裡了！」

就這樣，我決定加入大學準體育社團。

2　一般的體育社團，較重視競賽，準體育社團則著重於同儕關係的建立，以及運動的樂趣。

不快樂，就無法繼續努力

同時，也有一張傳單吸引了我的注意。

「就讀雙重學校[3]、考證照」的標題，讓我停了下來。

那是一所培養公認會計師的專門學校。

雖然我曾經想成為律師，是因為進不了法律系，才就讀經濟系。不過，現在想想，即便不是念法律系，也有很多成為律師的途徑。

但當時的我並沒有想那麼多，一心只想獲得專業技能，培養一技之長。

我想著，從經濟系畢業，成為公認會計師，那不是很好嗎？

畢竟，大部分的人在某件事的起跑點上，總會夢想著自己是最特別的那一個。於是，我決定參加附近專門學校的說明會。

在聽完別人的經驗分享後，我不禁想：「原來只要下定決心，就能夠達成夢想，或許自己也可以……。」一想到這裡，我的心情也跟著飛揚起來。

不過，最大的問題是學費，費用竟高達十萬日圓[4]。自己無論如何也拿不出這麼多錢，因此我鼓起勇氣，跟父母提起了這件事。

「你是認真的？」

「嗯。」

「假如是認真的，那就去做吧？」

這份支持，讓我感到無比喜悅。

提交入學申請之後，我收到了一本很厚的教科書。

於是，我白天在大學上完課，有時會向社團請假，到專門學校上課。課程

3 指同時在兩間或兩間以上的學校上課，包括短大、專門學校等。

4 約新臺幣兩萬元。

時間是固定的，而且所有課程都可以透過DVD自主學習。

雖然能按照自己的步調念書很棒，但桌子間的隔板，以及周遭沒有能夠閒聊的同學，總讓人感到有些寂寞。

回家的路上，我獨自聽著音樂，踏上需要轉車的歸途。

這就是我要的嗎？……

一切彷彿又回到大學入學考試時，那種苦悶不已的日子。

課程越來越困難。我停下敲擊著計算機的手，陷入沉思。

和數字對話確實很有趣，但真的要這樣持續一、兩年嗎？

當我有這樣的想法時，一切都來不及了。

學習進度一再延宕，上課的腳步也越發沉重。我勉強抵達教室，借走一片DVD，承辦人員略顯驚訝。他肯定察覺到我最近已經很少來了。

雖然是我自己說想去的，而且也得到了父母的經濟支援。

「真遜，太遜了。」我嘗試鼓勵自己，但最後還是因為太痛苦，而沒辦法再繼續下去。於是，我誠實的向父母坦白。

「對不起，我撐不下去了。」

「沒關係、沒關係，等你出社會，要記得還我們喔！」他們笑著說道，非但沒有責怪，一直默默守護著我的他們，後來還直接這樣說：

「你玩美式足球的時候，看起來快樂多了。」

原來感受不到樂趣，就無法繼續努力。

這個回憶，就此深深刻劃在我的心中。

想像叫做夢想，真的去做才叫理想

可能會超乎想像，也可能會幻想破滅。

你的人生也有這樣的時刻嗎？

不管怎麼樣，只要對某件事心生憧憬或是受到影響，我認為，即使只是稍微接近那個世界，你也會因此得到一些收穫。

我從小每天都在看的電視，是怎麼樣的世界呢？

於是，我決定申請學生招聘，到電視節目打工。

我被選中的是，由田原總一朗[5]所主持，自一九八七年開始在朝日電視臺聯播網播放的長壽政論節目《討論到天亮！》[6]。

班表排在每月最後一個星期五，從深夜直播到早上。

在那段打工的日子裡，真的是多采多姿。到了每月最後一個星期五，下午我會先參加美式足球的練習，晚上再前往電視臺。

接著，所有員工召開會議後，就會後由十幾位兼職人員協助引導來賓、專家等人士，進行錄影所需的各項工作。

當我結束工作、到食堂[7]吃完早餐，終於要踏出電視臺時，已是早上七點，空氣中瀰漫著一股清新且略帶寒意的氣息。

我深呼吸一口氣，新鮮空氣隨之沁入心扉。

休息三到四個小時後，我接著參加週六下午美式足球的練習。

練習過後，在回家的電車上，我閉眼小憩，一下就到站了。

雖然這種生活確實有些逞強，但那種既充實又疲憊的感覺，倒也不差。

5 日本記者、評論家、新聞主播。
6 以深度討論時事與社會科學議題為主的節目。
7 指日本餐館，如學生餐廳、公司餐廳。

為了探索美式足球以外的新世界，我幾乎將體力消耗殆盡，同時也實踐了想好好體驗大學生活的想法。

每天都在看的電視節目，背後所需的準備、參與的人員，還有沉重的責任沉重與成就感。

當你想用自己的雙眼看見不一樣的世界，就一定會有收穫。

只要認真起來，心和時間都會被剝奪

在大學的美式足球社，那些在高中就比過球賽的人，會被稱作「前輩」，並且極度受到重視。

在激烈肢體碰撞的運動中，如果不知道如何運用技巧，並且缺乏日常訓練，就很可能會造成嚴重的傷害。

由於我已鍛鍊出一定程度的體格及體能，也很了解球賽規則，甚至可以立刻加入隊伍，所以我也受到了前輩特有的禮遇。

雖然剛加入時，大家還沉浸在美好的迎新氣氛中，但隨著比賽逼近，團隊的緊張情緒也逐漸高漲。

氣氛有些緊繃，只靠笑容並不能解決所有的問題。

其實，在由各年級所組成的大團體中，該如何表達自己的意見，這對我來說，也是第一次。

面對團隊中不合理的狀況，以前的我只會抱怨，但隨著年級提升，我也開始承擔起團隊運作的責任。

年輕時，或許可以盡情批判，但光是抱怨或發洩心中的不滿，並不足以維持一個團隊。身為學長，就必須接受現實，並且帶領團隊前進。

儘管如此，只要認真起來，心靈和時間都將被剝奪。在這種時候，你會更知道人生必須面對哪些事。

就算有事請假，我對沒去練習這件事，依然會有一股罪惡感。

但是，我就要升上大三了，也不得不面對以後就業的問題。

況且，我看社團中也有不少學長正在找工作，有的人相當順利，也有些人因為沒辦法應徵上理想的工作，而感到焦急。

面對攸關未來的求職活動——「我絕對不會妥協，更要全力以赴。」我希望自己能夠兩者兼顧，全力迎接挑戰。

再不可能，也要奮勇向前

這是我在 mixi[8] 網站上寫下的日記。

「同伴與夢想」

要實現自己的夢想，
或許就必須離開現在的生活和朋友。

8 日本二〇〇四年上線的社群網站。

到時該怎麼辦？

離開的勇氣，和珍惜同伴的信念，
兩者都同樣重要，
該怎麼拿捏輕重？

我到現在還是很煩惱。

終於輪到我找工作了。
躊躇不前的我仍感到百般掙扎，假如不說出來，胸口彷彿就要炸開了。
「那個，你會報名實習嗎？打算去哪？」
各企業開始釋出以大學生為對象的夏季實習資訊，在教室中也出現了這類試探性的對話。
升上大三時，我被一家廣告公司的實習工作機會吸引。

我用家中的電腦打開了報名頁面。

其中有一個影片連結，標題是「去年盛況」，毫不誇張，內容就像一支MV。

在會議室裡，參加者們認真聽講，各小組的討論也非常熱絡，進行簡報的畫面，也搭配了節奏明快、歡欣鼓舞的音樂。

隨著這段歡快的音樂，參加的資訊最後顯示在畫面上。

「我們的希望，就是夠讓這世界多一些幸福與和平。」

我完全被吸引了。

雖然還不太清楚廣告工作的內容，但這段話觸動了我的心。

「自己真的配得上這個地方嗎？」我同時出現這樣的想法。

即便如此，興奮的情緒仍抑制不住。

心跳加速，撲通、撲通、撲通。

我再度播放影片，開始想像自己也參與其中。

「我想試著參加看看。」

但在看到參加日期之後，我沉默了。

「十天……。」

不會吧……如果真的參加了，那就表示要離開大家、退出夏季練習整整兩個禮拜的時間。

在社團前輩當中，也從未有人因為求職而長期缺席，更別說是為了實習了。當然，也並不是申請就能參加，據說競爭相當激烈。

即使知道不可能，也要奮勇向前。

假如先跟前輩們說，最後沒通過還蠻尷尬的。

「如果真的被錄取，再跟前輩們說吧！」我心裡這樣盤算。

或許將會脫離現在的生活，但我也想過，要是能就此走出一條嶄新的道路，一切都會是值得的。

越是親近的人，越難開口

為了回應心中的這股悸動，我採取了實際行動。

我從未填寫過履歷表。

試著填寫後，我拿給關係不錯的晚輩看。

「真厲害耶！」他這麼說道。現在回想起來，那可能是出自晚輩的貼心舉動。於是，我信心滿滿的鼓起勇氣，請研討會的前輩再看過一遍。

結果，整張履歷表被劃上滿滿的紅色筆跡。

那位前輩除了主動提出建議，還介紹我去年曾參加實習的前輩。

我沒有拿給美式足球社的同學看。

畢竟面對最親近的人，總是格外令人難為情。我心裡也隱約有種愧疚感，就像偷偷超前了社團的其他人一樣。

在面試實習職缺時，我這樣說道：「我被貴公司的宣傳影片深深打動，所以想應徵這項職缺。我想，這不正是廣告帶給人們的意義嗎？」

這是一個絕無謊言、真誠到不能再真誠的應徵動機。我雖然很緊張，但也感覺到面試官們似乎接收到了我的真心。

結果終於揭曉。

我得到實習的機會了。

我向前輩報告這個結果，然後也告訴同學和晚輩。

「好好努力，再回到我們這邊！」

雖然他們歡送我離開，但現在稍微想想也能理解，在團隊合作的考量上，有些人難免會對我當時的行徑有些微詞。

因為分離，才了解何謂珍貴

我在mixi的日記中，留下了這樣一句話：

「感謝所有的相遇。」

因為這次的實習經驗無比珍貴，即使打出有點文謅謅的字眼，我也完全不覺得尷尬。

有熱衷社團活動的人，也在海外累積經驗、努力參加設計競賽的人，還有像我一樣，在運動這條路上持續邁進的人。因為有著許多的相遇，大家就像是認識多年的老朋友。

我頓時茅塞頓開。

從學習理論開始，透過個人實作，再逐步發展為團隊合作型態。廣告就是一種仰賴溝通，來解決各種社會課題的工作。

我不僅體認到這份工作的意義，也更加了解我一直以來所熱衷的美式足球運動的本質——每個位置都有明確的任務，並需要不斷磨練以求精進。

有時，因成員的想法和意見各不相同，難免也會發生衝突。然而，儘管如此，在共同朝向目標努力的過程中，依然有許多喜悅。

對我來說，每個人都是不同的個體，但也有團結一致的時候，這正是這項運動最有魅力的部分。

因為分離，才了解何謂珍貴。

廣告工作和美式足球，儘管表面上毫無關聯，但我確實從中感受到相似的溫度。

實習結束後，我向事務處寄出了實習的感想。

其中就寫到這段話：「嚴格的訓練、瞬間的勝利，我認為團隊工作，其實跟美式足球很相似。」

我對美式足球的情感，變得更加強烈了。

後來，我又回到充滿美式足球的日子。

冬季錦標賽以亞軍的成績落幕。比我大一屆的前輩們退役之後，新的一年，將開啟我們這些大四生的新時代。

誰將成為新隊長？

社團中即將召開隊長會議。

我也已下定決心，要報名競選，成為團隊的領導者。

隱藏在背後的真心話

這一天，決勝的地點來到大學教室。

在這裡，將由即將退役的前輩、準大四生，以及學弟們共同召開一場隊長會議。

雖然我提早到達，但為了避免太早出現，我先在校內四處閒逛，直到會議開始的幾分鐘前才入座。

在閒聊的輕鬆氛圍中，我感到心跳加速。

話題將被帶往哪個方向？我完全無從預測。

「那麼，我們開始吧。」

前輩一聲令下，大家這才繃緊了神經，現場的氣氛也瞬間緊張起來。

前輩接著說明會議流程。

有意願的人可以自行提名，大家會討論該人選是否適任，然後做出決定。

這是一個明快的決策方式。

很快的，自我提名的時刻到了。

整個空間都充滿緊張的氣氛。

「我想試試看。」我舉起了手。

不過，舉手的不只我一個人。

我說出了自己的心聲，希望能扛起這個團隊，包括從國三持續到大學的美式足球經歷，以及自己多麼熱愛這項運動。

「作為進攻和防守的主力，我想好好的帶領大家。最重要的是，我希望建立一個優秀的團隊。」我幾乎忘我的說道。

在場的所有人能感受到我的誠意嗎？不對，我強烈的希望能夠確實傳達給每個人。但學長的回應，卻令我腦海中一片空白。

「你們真的能對大家無保留的說出真心話嗎？」

學長向其他跟我同屆的成員們提出了這個問題。

或許每個人的心中已早有答案。

但這個問題的出現，對我而言，可說是致命的打擊。

我曾因為短暫離開社團，而體認到美式足球的魅力，但這是否只是我一廂情願的看法？

我說想好好帶領團隊，但我真的有好好面對過同學們嗎？

面對這突如其來的質疑，我甚至無法直視在場同學和學弟的臉，宛如在水中閉氣般，令人感到呼吸困難。

我覺得自己已經很努力了，但還是不夠嗎？

雖然我有時會因害羞而疏於表達，但現在已經不是煩惱這種事的時候了。

我甚至不知該從哪裡開始努力才好。

最後，我並沒有被選為隊長。經過討論，大家認為我更適合擔任副隊長。

真心話往往隱藏在背後。

那位學長提出的意見，其實我早就察覺到了。

會議結束之後，我獨自離開教室回家。

「或許自己就是這樣才不行吧。」我心想。

只是在這一刻，我實在沒辦法再跟大家待在一起。

為什麼會變成這樣？

我確實想探索新的世界，想要不斷追求進步。

我曾寫下「感謝所有的相遇」，但是這份感謝的心情，真的有如實傳達給隊友嗎？

一股莫名的自我厭惡感開始在我體內擴散開來。

是因為自己什麼都想做，所以遭到報應了嗎？

這樣是不是太貪心了？

難道我以為的挑戰，看在別人眼中其實是在逃避嗎？
這些答案我不得而知。
只不過，淚水已不由自主的悄悄滑落。

比社會頭銜更重要的事

希望自己能趕快振作起來。

要是帶著這樣的心情，實在無法好好面對隊友。

我為什麼會想成為隊長？

是因為渴望這個頭銜嗎？不，不是的。

是因為要是能當上隊長，找工作會更有優勢嗎？

根本就不是這樣。我只是因為想為這個團隊做出貢獻，想成為這個團隊的力量。

我想貢獻什麼——這才是最重要的，職位、頭銜真的不重要。

首先，我得先對自己敞開心房。

我確實很重視與他人之間的連結，然後也想藉由練習和比賽，帶領大家打出好成績；在其他方面，應該也有我能夠做到的事。例如，在練習路上跟大家聊天，用簡單的話將重要的想法傳達給每個人。

然後，多傾聽大家說話，一起面對人生中的動搖、迷茫、困惑。

正因為我了解自己，所以才能聆聽他們的心聲。

也許現在已經太遲了，大家會認為我只是在試圖彌補，但那又怎樣？

沒關係的，敞開心扉吧，因為這就是我。

如果我認為能夠為團隊做出貢獻，那就應該採取行動。新的一屆，將帶來嶄新的風氣。我要乘著那道風，成為全新的自己。

不安，是你向前邁進的證明

在某天練習結束後。

「因為是前輩，我才想說的……。」一位晚輩主動向我傾訴。

「那傢伙，最近好像變了。」他似乎對同屆的某位同學略有微詞。

也許我也曾這樣被人說過，我心想。

所以我告訴晚輩：

「雖然這只是我個人的看法，但我認為大家都會慢慢改變，所以有時難免會感到不安。但也正因為每個人都想嘗試改變，所以多少會在意或擔心對方要往哪個方向前進，或是想做什麼吧？我們不妨放緩腳步，找個時間和對方好好聊聊吧。」

我對晚輩說的話，其實也是來自我自己的經歷。

由於我主動表達出自己的想法，大家似乎也變得坦率多了。

大學的最後一場比賽。

我們這一屆成功推進到錦標賽的決賽。

在那一刻，我實現了睽違十三年的冠軍夢。

我滿心喜悅，想為團隊做出貢獻的情感，此刻也得到了回報。

無疑的，所有情緒在那瞬間合而為一。

在美式足球中，隊員圍成一個圓圈、低頭討論，被稱為「Huddle」（聚商）。當時的Huddle照片，我至今仍珍貴的保留著。

人都會慢慢改變。

當隸屬一個團隊或組織時，或許你會拿自己與周遭的人比較，有時甚至會感到自己格格不入。

但那些不安，也是大家一起努力的證明。

在這種時候，不妨嘗試回想一下初衷，你想做出哪些貢獻？
把這些想法轉化為言語並付諸行動，你會發現，所有的憂慮都不復存在。

嘗試回想一下初衷，你想做出哪些貢獻？
把這些想法轉化為言語並付諸行動時，
你會發現，所有的憂慮都不復存在。

第 4 章

為找工作而煩惱時

戴上「能讓自己幸福」的有色眼鏡

集合地點在一家咖啡廳。

那是一家專賣虹吸咖啡的傳說咖啡廳，也是我在大學時代從未去過的店。或許是因為這股美好的咖啡香氣，帶有某程度的放鬆效果，我似乎稍微沒那麼緊張了。

在大三時，我曾實習過一次，我希望更加了解廣告業界，因此又約了一些已經在工作的學長姐們見面。

我穿著還不太習慣的西裝，前面坐了一位身著雙排扣西裝、散發成熟魅力的學長。這位學長四十幾歲，目前在一家廣告公司從事業務工作。

「您是做什麼工作？」、「這個業界怎麼樣？」在交談一陣子之後，出現了以下的對話。

「非常感謝您今天特地過來。」

「這些經驗有幫到你嗎？」

「是的！我對廣告業更期待了！」

「找工作，其實是刺激自己、開啟人生新篇章的經驗，加油喔！」

我立即將這句話寫在筆記本上。

「開啟人生新篇章。」

才剛開始求職的我，徹底改變了想法。

是的，我曾認為找工作不過是種義務。

「怎麼辦？要找什麼工作？」從某個時期開始，周遭的人們開始低聲討論起「求職」這個主題。

無論是運動、打工、還是學習，這個話題總是讓我在意到坐立不安。到最後，我也因為不確定自己到底該怎麼做，因此深陷於焦慮和困惑之中。

但，「開啟人生新篇章」這句話，就像是一束光，照亮了我。

前方的風景並非一成不變，而是要自己去開拓和發現。

當我們獲得了另一種更積極的解釋，就能啟動內在動機的引擎。我有預感，這將改變我未來的生活。

每個人都戴著一副名為「自我觀點」的有色眼鏡。

既然如此，那就戴上能讓自己幸福的有色眼鏡。

我只想想好好掌握——這個能夠遇見嶄新自己的機會，而我也已做好萬全準備。

對話就像投接球遊戲

雖然我與高采烈的向學長提出了許多問題，但其實在整個過程中都惶惶不安。有時話說到一半，甚至會語無倫次。

當學長提出問題時，我急著想要回答，但又不知從何說起，最後對話像是陷入泥淖般完全沒有重點。

更糟糕的是，我設法表現出正在對話的感覺，對前輩說的話，我會隨口附和：「這真的很重要！」、「會那樣寫，他應該也有自己的想法吧……。」

「你呀，其實真的不用那樣。對話中的停頓或空白，不需要全部填滿。如果想說話，直接將自己的想法告訴對方就好了。」

我被學長看穿了。

我害怕沉默的空檔，想盡量填滿空白的時間。但是，當我想開口說話時，又緊張到支支吾吾。

對話，其實就像是一場投接球遊戲。即使是已有社會歷練的前輩，也希望能自在的交談，結果卻只有他一個人在丟接球。

「因為我總覺得自己應該要做些什麼。」我說。

前輩回答：「這是經驗問題，還有就是事前準備了。如果不確定自己要說什麼，當然不可能突然就能侃侃而談。」

第一次見面時，該如何從自我介紹開始建立起良好的關係？

當時的我，還不知道答案——只知道要先做好自我分析，將自己的想法確實傳達給對方。

履歷表上的自我分析

即便如此，我仍對履歷表上的「自我分析」感到困惑。

「自我分析到底是什麼？」

雖然我認為沒必要太鑽牛角尖，但既然要做，就希望自己也能夠接受。當然，這意味著要充分了解自己，並且在對話間表達出這一點。

但我也覺得，這不可能像透過機器分析出成分表那樣，簡單就能獲得明確的答案。

即使自我分析了幾次，我還是沒有結論。

不同的情緒和時機，感受及表達方式似乎也不同。

就像從萬花筒看出去一樣，隨著角度的轉動，景象也會千變萬化。

我試著問那位曾經請教過的學長。

「我正在寫應徵動機，但其實我不太清楚什麼是自我分析……。」

聽了我的疑惑，前輩這樣回應：

「重要的是選擇，思考過去為什麼會做出那些選擇，就能找到答案了。」

「過去做出的選擇……嗎？」

這句話就像一滴水落入水面，使我的內心產生了漣漪。

前輩繼續說道：

「例如參加的社團或打工經驗，即使有很多人都在做同樣的事，但每個人給人的感覺都不一樣，參加社團的理由也不一樣，在這之中，就能看出一個人的個性。」

為什麼會做出那樣的選擇？

走過人生十字路口，做出各種選擇的我，一路走了到這裡。也正是這些想法，造就了現在的我。

當然，也有些時候，人是在無意識間做出選擇，或是有些想法依舊混亂、尚未成形。所以，我們不能只專注於自我分析，而是需要更深入的探討自己一路以來所做出的選擇。

即使在旁人看來雜亂無章，但其中必定有你一貫的選擇與決定。只要能跟他人分享那些對你來說，是合情合理的事情就好。

就像把點連成線，然後連線構成星座一樣，你只要找到屬於自己的故事，並用文字表達出來就好了。

當我出現這樣的想法時，原本胸口的煩悶也一掃而空。

別霸凌自己

最重要的是，不要否定過去的自己，然後正視自己至今所做的選擇。現在的我認為，**自我肯定感，其實就是一種自我選擇**。

自我肯定感是承認自己的價值，肯定自我存在的感受。

人們可能都會有「自己好沒用」，或是「能力比其他人差」等對自己評價過低、甚至失去自信的時刻。

即使如此，我們也不該「霸凌」自己。

有時上級會對部屬口出惡言，所幸現代社會對這類霸凌行為已相當敏感，只不過對於自己，卻常常渾然不自覺。

即使現在還看不到成果，但我依然相信至今為止的所有選擇，都是未來在幫自己鋪路。

所有的過去，都將指引你的未來。

要建立這種思考方式，只有從接受現在的自己開始。

即使不被選擇，也要相信自己一路走來所做出的選擇，我認為這就是所謂的自我肯定。

所以，我也省視了過去的種種選擇——用言語傾訴自己如何走到現在這一步，以及為何對廣告工作產生興趣。

過去的選擇，藏有未來的線索

我在國中時代，有很長一段時間與孤獨為伍。

渴望與他人產生連結的我，由於想改變自己，毅然決然的投身美式足球的世界。而後，在高中時期經過努力備考，終於考上了大學。

在美式足球社待了好長一段時間，後來為了更了解廣告圈，在大三開始實習工作。

為何對美式足球如此著迷？我開始思考這個問題。

是因為贏得比賽而感到高興嗎？

這當然也是原因之一。

但更令我感到喜悅的是，比賽前團隊圍成的 Huddle 圓陣。

「全員集合！」隊友圍成一圈，嘶啞的相互鼓舞。

在這半徑三公尺內，我們是無敵的——這樣的情感聯繫，讓我感受到自己真正活著。

尤其是當我們拿下關鍵分時，所有球員、工作人員、甚至觀眾的加油聲，讓整座球場彷彿融為一體。

我非常珍惜這種情感的聯繫、這種眾人團結一心的氛圍。有時情感一湧現，我幾乎感動到快落淚。

這讓我覺得，活著真好。

我從電視節目的打工經驗中，找到了成就感，也感受到為大眾傳遞資訊的魅力。那廣告？

這份工作並不受限於電視的媒介，而是從各大媒體中選擇，或是透過不同組合，共同傳遞一個訊息，讓世界產生改變。

雖然以前不以為然，但現在的我，已能感受到廣告是有「溫度」的。

前輩曾告訴我：「聞一，知十，思百，傳千，動萬。」
原來，廣告的工作，是締造整個世界團結一心的感受。
為了創造這種團結感，我願意奮勇向前，持續努力下去。
從其中串起的連結，甚至可能改變那些素未謀面的人，或是從孤立中拯救他人。那個「他人」，或許就是以前的我。

過去的選擇，藏有未來的線索。
仔細追溯自己做出的選擇。
你會明確感受到，過去、現在，以及通往未來的道路，都能透過言語聯繫在一起。

逃避，也是一種啟發

每當我回想起過去的選擇，就會感到一絲淡淡的苦澀。

剛升上大學時，我曾為了攻讀公認會計師資格，到專門學校上課，最後卻半途而廢。

那段經歷，是我不堪回首的黑歷史。

「嘗試看看吧！」這個想法是真心的，我確實深受吸引。

但當時，我的目光都放在工作頭銜和他人的評價上，沒有真正想過自己想成為什麼樣的人，也從未描繪過未來的願景。

當動機過於膚淺，薄弱的根基就會輕易被拔起。所以，名為「自我」的這棵樹，也很難成長茁壯。而且，因為身心感到苦悶與焦急，臉上的表情也逐漸變得麻木不已。

相反的，人們會深深被樂趣所吸引，並且在不知不覺間，與他人分享許多成長的果實。

這些人們最真誠且坦率的行為準則，都是我在實際體驗之後才明白的。

此外，我還覺察到，以前不想做的那些事，也可能讓你得到人生啟發。不只是喜歡或樂在其中，檢視我討厭、不擅長，或是一再逃避的那些事，都是認識自己的重要途徑，而且隱含了許多啟發。

或許有人會說，即使找不到自己喜歡做的事，只要避開不喜歡的事，也能讓自己過得舒適。

但歷史是會重演的，喜歡跟不喜歡也是如此。

這兩種感受都很重要，並沒有絕對的正確答案，只要當作預測未來的線索就好。

當我終於逐漸看清自己的輪廓時，我也終於能夠好好的表達自我。

不要跟其他人一樣

我寫好履歷後，拿給前輩們看。

他們時而溫柔，時而嚴厲的提出各種建議。

「人資能不能透過你的履歷，想像你工作的樣子，這點很重要。像這個問題，是問你如何克服困難，但他們其實想知道的是，當工作不順利，你會如何面對。寫的時候，要特別留意這一點。」

我漸漸的了解到，在問題的背後往往隱含著某些含義。

另一位前輩則是開門見山的表示：「你不能跟其他人一樣。因為人資一天要看很多履歷表，所以如果你要讓他們覺得：『喔，這個人好像不太一樣！』最好在開頭加上一個標題。」

透過多次的交談，我彷彿開啟了另一扇窗，得以一窺外頭的遼闊景色。

我希望自己不要太過緊張，只要梳理想法再確實表達出來就好。於是，我寫了一份腳本。

為了應對學長曾提到的問題，我假設了可能出現的提問，在筆記本上寫下答案，並小聲的反覆讀出來。

也有人告訴我：「即使出了社會，也不代表就無所不知。有些我們不知道的事情，身為大學生的你卻很了解。所以，也希望你能好好告訴我們。不是隨便說說，而是像用顯微鏡觀察一樣，盡量鉅細靡遺。這樣就能引起面試官的注意了。」

因此，我決定努力熟記腳本上的內容，這樣在談話的時候，反而更能專注在當下。和前輩交談時，也不會只忙著提問，而能適時加入一些自己的想法。

某天，我在週五的傍晚拜訪了一位前輩，但是直到下週一中午才發出感謝郵件。

對方很快就回信了：「太慢了。如果想表達感謝，要越快越好。」

面對像我這樣的應屆畢業生，原本只要隨便打發就好，但前輩還是熱心的給予回饋，這使我格外感激。

每次跟前輩交談，就像對著一面能看清自己的鏡子。

回想我在國中時期，因為個性內向，放學後總是像逃跑般一路趕回家。

一直到這時，我才發現，與人面對面交談，原來就是找工作的最佳訓練。

一切都從肯定自己開始

在談話過程中，我了解到前輩們最感興趣是什麼，而且越來越能簡單敘述自己要表達的內容。我想，最重要的是「被理解」。

在短暫的面試時間裡，不可能讓對方完全了解你。

但是，只要面試官能對我的應徵動機——「為什麼會選擇我們公司？」產生一種「原來如此」的理解，這段關係就會進階到下一個階段。

運用前輩教導的技巧，我去面試了一間之前就很想應徵的廣告公司。一次又一次的通過考驗，我終於抵達了最終面試階段。

好，感覺還不錯。

當我這樣盤算著，在原本堪稱順利的面試過程中，突然出現了一個意想不到的提問：

「你覺得獅子和鱷魚，哪個比較強？」

我驚訝的瞪大了雙眼。

「咦，這是什麼？是要我猜謎嗎？到底怎麼回事……。」我使勁思考。

這個問題……應該沒有正確答案吧？

他們可能只是想測試我會怎麼回答，那我就找出一個對方比較容易接受的答案吧。

「獅子習慣成群結隊。利用團隊合作的力量，牠們能夠勇敢對抗鱷魚，所以我認為獅子比較強。」

面試官沒有對我的回答做出任何評論，只是面帶笑容，說了聲「謝謝」。

最後，我通過了面試。在收到錄取通知之後，求職活動就此迎來了終點。

能夠獲得這個結果，要歸功於我接連不斷的與六十六位的前輩們見面。

其實，我並沒有設定要見多少人，只是喜歡聽別人說故事，不知不覺間就達到了這個數字了。

透過聆聽，世界會變得更加開闊。這確實是一次十分刺激的經歷，我滿懷喜悅的感受到，世界正與自己緊密相連。

之後在某一天，我得知鱷魚其實也是群居動物，瞬間覺得有些頭暈，然後陷入了沉思。

在學校安排的測驗中，總會有一個正確答案。分數會直接反饋回來，通常是非常直觀的。

但是，當我步入社會，問題突然間就變成「你想怎麼做？」、「我想聽聽你的想法」，因此在這個階段，會感到困惑是很正常的。於是，我開始試著模仿周遭的人和前輩的做法，亦步亦趨的開始前行。

這一次，或許我是恰巧猜到了正確答案，才能收到錄取通知。又或者，可能只是沒有給出錯誤的答案而已。真正的答案已無從得知。但我覺得，這就是所謂的「出社會」。

再說直白一點，**在人生不斷前進的過程中，你是否選擇了正確的那條路，在當下那一刻都是未知的。所以，你只需要專注在「讓自己的選擇成為正確答**

案」就好。

在求職時，我很喜歡 Champion[1] 的一句廣告標語。

「所有的汗水，都將得到回報。」

這句偶然間看到的話，令我難以忘懷。

能勇往直前真好，每當覺得生活艱難、痛苦、內心動搖時，這句話總能成為我的支柱。

一切都從肯定現在的自己開始。

你至今所做出的選擇，總有一天會得到回報。

現在的選擇，也一定能連向未來，為前方的道路埋下伏筆。

1 全球知名運動服飾品牌，始創於一九一九年。

選擇能讓自己幸福的方向，
然後無所畏懼的堅持下去，讓它成為你的正確答案。

肯定自己過去的選擇。
每一個選擇，都將成為未來的伏筆，
直到你找到屬於自己的正確答案。

第 5 章

被人認為我不適合這份工作時

敗給自己的面子

正式踏入社會之後，我認為自己應該會從事業務工作。再加上，我也認為創作不太適合自己，於是徹底放棄了這個想法。

但即便是現在，有時回想起來，仍令我感到有些遺憾。

在大三時，我應徵上某家廣告公司的實習工作。

當時的主管給了所有實習生一個任務：

「請試著畫出一張咖哩飯的廣告分鏡。」

所謂的廣告分鏡，如果把它想像成四格漫畫，或許會比較容易理解。由實習生繪製廣告的對白與情境後，將交由廣告企劃人員來講評。

一向專注於美式足球的我，從未畫過什麼分鏡或漫畫。

我心想，在這種時候，就要充分利用網路搜尋。回到家之後，我打開電腦尋找分鏡的畫法，花時間想了很多細節，最後終於完成了。

上課當天，大家的名字逐一被叫到，依序走進會議室。

輪到我了。禮貌性的敲門之後，我走了進去，看見面對面擺放的兩張桌子。

我向廣告企劃人員打招呼並坐下，遞上自己畫的分鏡。

對方看過之後，開門見山的表示：

「你有在打美式足球對吧？看起來體力不錯啊，感覺很適合當業務。你應該對創作不感興趣吧？對廣告業或工作有任何問題，儘管問。」

我被這一連串的先發制人，打得暈頭轉向。因為覺得自己總得說些什麼，我開始焦慮了起來。

「是！今天還請多多指教！」

結果，只能說出像居酒屋服務生般的回答。

但，其實我對廣告製作很感興趣，工作內容看起來也很有趣，只是對自己畫的分鏡沒什麼自信，加上擔心交出去的作品會被吐槽：「交出這種東西也敢說？」所以敗給了自己的面子。

膽怯的我，只希望能夠順利度過眼前的關卡。

結果，還是沒能鼓起勇氣問一聲：「請問……我的作品怎麼樣？」反倒讓整場面談成了單純的閒聊。在整個過程中，我只注意到，從會議室看出去的風景有多麼美麗。

這明顯已經跟能否被評選為優秀作品是不同層級的問題了。

在大學時，我甚至連讓人評論作品的機會都沒有。

「希望」會改變人的命運

在拜訪前輩時，對方曾熱心提出不少一針見血的建議。

因為隱約被企業培育人才的精神所吸引，我選擇進入了一家不同的廣告公司，終於正式展開社會人士的職涯。

經過一個半月的新進人員培訓，新人可以自由提出希望分配到的部門。志願最多三個。

當時，我最想去的是業務部。

跟公司的前輩討論後，他告訴我，在成為一個出色的業務員之前，媒體部門是發展事業的絕佳途徑。

考慮到將來想在業務部持續發展，我這樣寫：第一志願是「新聞部」，第二志願「電視部」。

我一時想不到第三個志願。得填滿這個空缺才行……該怎麼辦？

我凝視著部門一覽表。

好，這樣好了。

我寫下看起來不太可能被選中的「人事部」。

歷經培訓期間，我和與同期新人間也變越來越熟，我們甚至還會互相打氣的說：「之後一起好好努力吧！」

分配結果將在大廳公告，並按地點和部門依序公布。

依照五十音順序，那一刻很快就來臨了。

「阿部廣太郎，東京。」

發布到這裡時，不知為何，出現了瞬間的停頓。

「人事部。」

同期新人間的騷動，迴盪在大廳之中。

我被分配到了人事部。這是我自己種下的種子，不是隨機抽選的結果。「希望」會改變人的命運。雖然我確實提出了希望，也因此得以實現，但完全沒想到會是這樣的結果。

我對此非常在意，於是問前輩：「為什麼選擇了我？」前輩半開玩笑的說：「你看起來蠻認真的啊，再說，你在創意培訓的分數不太好。」

「原來如此。」我一派輕鬆的回答，但回想起學生時代的實習經歷，內心頓時一陣酸楚。

那時依公司制度規定，進入公司第一年後，必須參加創作考試。如果通過考試，就可以轉調到製作廣告的部門。但我心想，對前輩來說，好不容易才栽培起來的部屬要是突然離開，那肯定很困擾，而且我也認為自己並不具備那樣的品味和才能。

意想不到的是，轉捩點在三個月後的夏天來臨。

從「別想了」，到「我也想」

我成了人才培訓部門的一員。

「有沒有搞錯？真正需要培訓的人是我吧……。」我在心中碎念著。新人的工作包括預約會議室、用 Excel 製作名冊、影印上課要用的資料，我淡淡的完成這些工作，只為了讓前輩們工作起來更順利。

除了完成分內工作，我也主動請纓，負責與校園合作的學生實習。我心想，過去那些鮮明的經歷和回憶，或許多少可以派上用場。

從過來人的角度，現在變成了代表人事部，接受學生們挑戰的那一方。即使只是近距離觀察，實習的過程也十分激勵人心。

在提供廣告工作體驗的大前提之下，學生們透過公司內部的安排，接受一連串豪華講師陣容的課程。

我記得，他們學習到如何撰寫廣告標語、如何規畫解決方案，在了解最新的廣告案例之後，接著就是結業任務。

最終簡報不是團隊合作的團體戰，而是在個人戰中獨立挑戰。

這就像是一場現場表演。

雖然這只是一個會議室，但這裡就是舞臺，學生們緊緊握著麥克風，全力以赴的報告著他們的企劃。

而我，負責在最後一排用攝影機錄下這一切。

其中，也有人因緊張而有些支支吾吾。觀眾，也就是講師團隊和人事部，都全神貫注的看著每個人的表現，見證這整個過程。

在盛夏的實習中，即使室內有冷氣，也隱約能感受到迎面而來的陣陣熱氣。表情是騙不了人的，那些拚盡全力的自信神情，或是展露出些許不安的微妙表情——在我眼中，一切都是那樣的閃閃發亮。

然而，我的心情卻是五味雜陳。

那些閃耀到散發光芒的神情，在鏡頭裡竟顯得有些刺眼。

我當然是為他們加油的，但也感到自己似乎快要落下淚來。

這種不甘心是怎麼回事？不行，現在不能太情緒化。

每結束一場簡報，現場就會爆出一陣如雷的掌聲。

但我的心，卻感受不到一絲雀躍。站在教室的最後方，埋藏在內心深處的最真實的情感，意外被喚醒。

沒錯，他們正創造出團結一致的「第一步」。

他們試圖打造出那個令人心動，並且想要傳達給他人的「第一步」。

「我也想和他們一樣」——我打從心底強烈的這樣想，甚至對他們感到有些嫉妒。

我一直身處於美式足球的世界，從未試圖創造或表現出什麼。儘管曾經出現過類似的渴望，卻為此而感到羞恥，最終沒有說出口。

我肯定做不到，這些都與我無緣，跟我毫不相干……這些「別想了」的細小聲音，一個接著一個在心中迴響，但我再也不能視而不見。

不要再逃避了。

我邁出了第一步，回想起國三的自己。

就是現在了——在正視內心呼喊的瞬間，正是我改變的重要時機。

認為自己很丟臉，最丟臉

不付出任何努力就擅自放棄，選擇持續欺瞞自己，是不會有任何結果的。不能因為顧慮到現在就選擇什麼都不做，所以我想認真挑戰看看接下來的創作考試。

在實習人員的歡送會場，我開始尋找機會。人事部是提出請求的專家，尤其擅長借用他人的力量，營造出工作的場所。既然有幸能夠提出請求，就要乾脆、真誠的動之以情。即使是新進員工，我也開始產生這樣的專業意識。

我拿起玻璃杯，走向擔任講師的創意總監，向對方搭話：「辛苦了！」認為拚起命來很丟臉的自己，其實才是最丟臉的。別想那麼多了，上吧！

「請問，要怎麼通過創作考試？我不想只是每天做 Excel 而已，我想嘗試寫文案。」

想要感動自己的人生，我一股腦的這樣脫口而出。

只是傳達自己的真實感受，為何會令人心跳加速呢？

由人事部的新進人員提出這個問題，前輩其實多少有些驚訝，但他給出的回答很簡單。

「那我給你出些題目好了？如果你是認真的，就寄封信給我。」

原本還擔心被嘲笑，但事實上是自己想太多了。談話很快就結束，為了延續約定的熱度，我隔天一大早就發了郵件。

趁著這股氣勢，我來到了公司樓下的書店。

雖然我看上的那本書很貴，但我不假思索的走到收銀臺，從錢包中拿出兩萬日圓[1]。

我只是被書腰上的文字吸引。

「文字，即將展開旅程。」

那本刊載了優秀廣告文案的《文案年鑑》，拿起來沉甸甸的。但不知為何，我感受到了鼓舞。為了四個月後的考試，我開始努力用功。正式展開一段文字之旅。

1 約新臺幣四千元。

外行人的自尊心最麻煩

那是一段格外豪華且特殊的旅程。

由前輩出作業、我寫文案，然後午休時間再拿給他看。推銷火柴的文案、減肥廣告的標語、國內度蜜月的金句，以兩週一次的節奏，我每次都會寫下二十段文案。

在一天的工作結束後，我會回家坐在書桌前。

沒有比外行人的自尊心更麻煩的事了。

當時的我心想：「總之，先寫寫看就對了！」但又希望作品看起來超乎預期，所以寫作進度緩慢。

有時候真的來不及交，又不能在人事部的辦公室寫，只好趁工作空檔把一張空白的A4紙夾帶進廁所繼續寫。

前輩快速翻閱我用心寫好的文案。

在看過一次之後，他便拿起筆，在紙的右上角畫上○或△，但其中大部分的文案都被跳過了。被畫上○的頁面特別少，偶爾看到△就已經很不錯了。

儘管我剛開始滿懷熱情，但在過程中完全掌握不到訣竅，每個主題似乎都只是沾到邊，這使我感到越來越焦慮。

即使如此，前輩仍非常仔細的審閱。

這一段應該可以寫得更簡短？

你這邊想表達什麼，其實可以直接寫出來……。

是不是少了一些開發新客的想法？

為什麼不行、如何找到新的切入點，前輩都耐心的逐一提出。

隨著課程的進行，想進步的渴望越來越強烈。

「真麻煩，為什麼我會答應這種事情？」

儘管我注意到前輩有時露出這種神情，但我決定還是裝作沒看到，繼續不斷的寫下去。

輕易就能達成的夢想，太無趣

距離考試只剩下一個月，隨著時間越來越近，我想至少獲得一點點肯定。

話雖如此，但事情並不如預期，我跟前輩似乎都有些氣餒。

在吃完午餐返回公司的路上，我被問到：「實際嘗試過後，感覺怎麼樣？」我們一邊走著，一邊談論到目前為止的感想。

正當我看見通往公司門口的電扶梯時，前輩帶著認真的表情說道：

「你可能不太適合吧。」

我神情跟著緊繃了起來。

「我覺得，你更適合當業務，當一個懂創意的業務員吧。」

那一刻，我感到心如刀割。

「我不適合」，難道在這裡也無法被選上嗎？
況且，這不是無的放矢，而是一位願意指導我並從旁觀察的人所說的話。
下午還有工作要做。我不能哭，不行。
不想就這樣輕易認定自己做不到。
「沒事、沒事！」我強迫自己的臉部擠出一個笑容。
果然還是太勉強自己了。
但另一方面，我發現想得越多，心底裡就越不想放棄。
除了不想放棄，其實多少也有一點在逞強。
確實，光就目前的狀況來看，我可能真的不太適合。
但，我的熱忱絲毫沒有減退，並且正全力朝著自己想做的方向前進。
大學時，我甚至無法站上與人競爭的擂臺。但現在不一樣了，我已經向前邁進了一大步。
就像緊張到渾身發抖的新人相撲力士。他已經站在擂臺上了，只是立刻就被對手推到邊緣。

輕易就能達成的夢想，未免也太無趣。就算真的很不擅長，又有什麼關係？如果輕易就能寫出來，反倒令人傷腦筋。

要相信未來的自己，這件事只有我能夠做到，我這樣說服自己。

後來，我也試著挑戰了「宣傳會議獎」[2]。

這是只要提交一份創意文案，就能夠參加的公開徵選型廣告獎項，我認為這對文案撰寫人，或是想成為文案創作者的人來說，是不容錯過的公開競賽。

我帶著比平常交作業時更強烈的熱忱，寫下二十五句文案，並寄出了作品。雖然結果之後才會公布，但我確實開始行動了，並打算全力以赴。

2 擁有六十年歷史，日本廣告業界最大規模的廣告比賽。

不盲目努力

沒有才能的人該如何獲勝？我知道這將會是一場硬戰，所以我在心裡悄悄做了決定——絕不盲目努力，而是要選擇自己有把握的做法。

首先，我嘗試面對心中的自尊。

我很清楚，自己絕對不可能輕鬆寫個幾句就能過關。而且，這已經不是害羞或害怕丟臉的時候了，要是有能夠提升成功機率的方法，就算只多一％，我也要不計代價的學起來。

因此，我開始認真蒐集相關資訊，跟以前考大學時一樣，關鍵在於掌握過去的考題方向。

事先掌握這些，結果可能會截然不同。

我聯絡了去年贏得競賽，成為廣告文案寫手的前輩，並表明自己非常想通過這個考試，希望對方能給一些建議。

這個世界比我想像的還要溫暖。

「當然沒問題！」熱心的前輩答應與我見面。之後，透過學習前輩們的考試技巧，我得到了更多線索，決心就此面對挑戰。

終於來到了考試當天。

為了讓自己保持冷靜，我反覆閱讀自己整理出的紙條，直到考試開始前的最後一刻。我一遍又一遍的讀著那張皺巴巴的紙條，把它當作護身符般緊緊握在手中。

考試從下午開始，整整有四個小時。

一如我先前的調查，考試包括作文和廣告文案。

在作文方面，我的計畫很明確。

我過去沒有太多長篇創作的經驗，所以決定不靠文筆，只憑企劃內容來一決勝負。換言之，我打算不倚賴表現力或詞彙的趣味性，而是透過內容的豐富性來吸引評審的目光。

但那所謂豐富的內容，就只能在考試時想了。我翻開試題紙，看到題目是「請寫下你喜歡的日文」。

該怎麼辦？

單字、季語（按：用來表現特定季節的詞彙）、成語，我的腦海中浮現各種選擇。但就算寫這些，也只會跟其他作文一樣，被埋沒在大量的試卷中。

是否該從頭開始思考，日文究竟是什麼？

當我盯著作文答案紙上的方格看時，忽然靈光一現。

假如這篇文章每一行左邊的第一個字，最後能直著讀下來會怎麼樣？

既然如此，就來寫喜歡日文可以直書，也可以橫書吧。我記得曾在某個地方讀到，現代只有日語能夠同時併用這兩種寫法。

好，這樣或許可行！

接著是廣告文案。我帶著祈禱般的心情閱讀題目。

出現在那裡的，正如我先前打聽到的內容。

「寫出十句以上的廣告標語。」

「以上」這兩個字看起來閃閃發光。十句以上，也就代表寫多少句都行。

經過這幾個月，我明白了一些事——自己似乎沒有多少天賦。正因為如此，或許以量取勝也是一種策略。而且，一旦能夠克服中途停頓下來的那道障礙，不就能取得先機？

出題者似乎也是藉此觀察參賽者有多少熱忱。

所以，我埋頭就是一直寫，然後活用所有過去學到的建議和不足之處。即使許多標語可能寫得不夠好，但在這個考場中，我寫得最多、最顯眼，這就是我的作戰策略。

發現答案紙不夠用，我就起身去拿新的一張。

當考試結束的那刻，原本尖銳的鉛筆前端已經被磨圓。

創作的精神

我通過了筆試階段。與此同時，之前投稿宣傳會議獎的結果也即將揭曉。

我急忙前往書店，心想自己終於要轉運了。

獲選者的姓名，都會刊登在《宣傳會議》雜誌上，我快速翻閱著那些列有獲選者名字的頁面，沒有……我的名字沒有出現。

我的文案一句都沒有被選上。

我提醒自己，現在不是糾結的時候，要聚精會神的面對接下來的挑戰。

終於來到創作考試的面試時間。是否能成功轉調部門，就看這一刻。

我提前寫下所有預計會被問到的問題，並做好所有準備。

在面試中，我分享了自己曾嫉妒別人的故事。

「我也想和他們一樣」，正是這份強烈的願望，驅使我來到這裡。

當問答部分告一段落，面試即將結束時，我主動開口：「可以再讓我多說一句話嗎？」

「懇請給我一次製作廣告的機會。如果三年內拿不出成績，就算要我離職，我也不會有任何怨言。」

將創作文案的精神活用在面試現場，是來自前輩的建議，我覺得既然已經走到這一步，真誠的表達我的渴望，或許更能引起共鳴。

雖然不知道三年內能做到什麼地步，這種說法也沒有任何根據，但這對未來的自己來說，或許就是一記滿懷希望的關鍵性傳球。

面試官們依舊神情嚴肅，連點個頭也沒有。

我在一鞠躬之後，就離開面試會場。

如果這樣還是不行，那也沒辦法了，我心裡這麼想。

幾天後，我去見那位創意總監前輩，向他報告結果。

「我錄取了！」

「這其中是不是有什麼誤會？」

「別挖苦我了！」我打從心底笑著回答。

比剛開始寫文案時還要丟臉

在轉調部門之前，有一場創意培訓課程。

「如果有什麼問題，請儘管寫下來。」我在這樣的一份問卷中，留下了以下這段話：「自己真的跟得上嗎？我感到十分擔憂。」

周遭的人有九成以上都會跟我說：「從外表來看，你就不像是會在這裡的人。」但是，我每天都在想，無論如何都想讓這些人刮目相看。

是的，我想讓周遭的人覺得驚豔。但我也感到擔憂，因為一切並不是那麼順利。

跟我同期進公司的同事們，表現得十分亮眼。那時，即使社群網路還沒有現在這麼流行，消息也傳得很快。

某人的廣告企劃通過了、誰又得了這個獎，當其他人大步向前走去，我感覺自己彷彿被一個人拋下，焦慮不已。

在開會之前，我無法保持冷靜。

這個文案夠適合嗎？

備案的數量夠嗎？我看很難說……或許需要更多？

心中總是塞滿了大大的問號。

開會就像是一場言語的對戰，桌面就是擂臺。

「先讓年輕一輩的來吧。」前輩一聲令下，宛如敲響銅鑼，由新人開始發表文案。

因為我寫的數量不少，解釋起來有些冗長。

途中感受到前輩們溫柔的目光，我漸漸察覺到自己的文案似乎偏離了主題。當我意識到這一點時，臉頰瞬間發燙，全身也開始冒冷汗。

這比當初剛開始寫文案時還要丟臉。

我提交的文案堆得像座小山，被推到桌子的一角，看起來有些寂寞。
前輩們的方案被放在桌子的正中央後，眾人便進入討論的階段。
我竭盡全力，只為了跟上他們的對話。

你應該試著去傷害別人

在那天的會議中，同期的同事在我面前得到了讚賞。我的文案沒有被選中，也沒有成為討論的焦點。我、同期同事、前輩，我們三個人會一起討論文案。「我真的有必要在這嗎？」在這個念頭閃過的瞬間，我多麼希望能夠消失得無影無蹤。

會議結束後，負責統籌案子的部長，主動對我說：「你過來一下。」由於職位較高的關係，部長辦公室是一個獨立的房間。我戰戰兢兢的跟在部長後面，走向走廊的盡頭。

怎麼回事？我一點頭緒也沒有。只能在心裡揣測，該不會是惹對方不高興了吧？

「打擾了。」我走進房間。

部長暫時歇了會，一臉正經的向我問道：「你還好嗎？」是延續剛才會議的話題。關於寫文案這件事，我真的還好嗎？我意識到他是真的在擔心我。

「呃，是的，我應該還好……。」

主管接著說道：

「像我們這種工作，可以說是百無禁忌。如果你只是寫出一些理所當然的東西，那有什麼寫作的意義？」

我只能點頭同意。

那天的文案主題是「夢想」，來自某家企業的廣告。我帶到會議室的文案當中，自然包含了「夢想」這個詞。「夢想是美好的」、「擁有夢想是非常重要的一件事」，這類理所當然的話語，讓我在狹小的範圍內苦苦掙扎。

「你應該盡量試著去傷害別人。」

部長給了我一記迎頭棒喝。

這句話太震撼了，當時的我仍無法理解其中的含義。

直到很久之後，我才終於明白了部長的意思。

為了被人選擇，就必須慎選使用的言語，但他不是要我拐彎抹角。

在所有可能的選項中，不能讓對方直接忽略，而是憑藉著自己的自覺——

「就是這個了」，並且傳達出去。

倘若用字不夠精準，那麼觀眾也不可能會選擇我。

「要更慎選用字。」

「大膽嘗試走進他人的內心。」

「不要害怕觸碰人心。」

令人喜悅、感動，和令人悲傷、想哭泣的事物，兩者都會在心中留下痕跡。也就是說，會在心靈留下情感的破口。因此，在選擇言語時，不要刻意挑選那些理所當然的話。

這麼做或許很有可能會傷害對方，但如果不承擔這個風險，無論過多久，我也不會有所提升。

順利拿到文案撰寫人名片的第一年，我再度參加了宣傳會議獎，這次在提交的兩百句文案當中，只有三句通過了初審，之後就什麼也沒發生。

還差得遠，還要更上一層樓。自己不應該只是這樣。

想在心裡留下感動的痕跡。

我覺察到了，自己的開關已經被打開，不再害怕被言語所衝擊。

學習，是最好的自我投資

「真希望被看見……！」

成為廣告文案撰寫人的第二年，我滿腔熱血的在內心呼喊。

「我這麼努力，難道就沒有人發現？」

「拜託！」我幾乎是雙手合十的度過每一天。

簡單來說，就是那種特別喜歡廣告、對自己的熱忱充滿自信，路上可能到處都是的年輕人。

即使是在這種很難跟別人競爭的狀況下嗎？

為了努力讓自己被看見，我決定先參加相關課程講座。

而當時，有個文案創作者的培訓課程，能夠有效提升寫作能力。

參加這樣的講座，不僅能遇到擅長引導學員的講師，也能藉此認識競爭對手、相互支持的夥伴。除此之外，透過與同期生的砥礪切磋，也比較能掌握自己目前的程度。投入金錢認真學習，我認為這是最好的自我投資。

在面試時，曾大放厥詞提到的三年期限。對於邁入第二年的我來說，已剩沒多少時間了。這下好不容易有機會向活躍於廣告業界第一線的人學習。通常第一次上課的人，會報名基礎班或進階班，之後才是專業班，但我沒有心情悠閒的慢慢晉級，因此直接報名了專業班。

第一次的課程，至今仍難以忘懷。

聚集在教室裡的，是篩選過後的三十六名學員。

歷經在人事部，從後方用攝影機拍攝的那天之後，我現在如願成為了「那邊」的成員之一。教室裡非常安靜，並充滿緊張感，我的心跳聲彷彿大到會被旁人聽見。

左看右看，我假裝做起伸展運動，觀察整個班級。大家臉上的神情，似乎都充滿堅定的意志。每個星期六，大約持續半年，接下來就要跟這些學員相互競爭了。

班級裡成績最優秀的人，將得到為公司撰寫文案，並實際製作成海報的機會。也許還能以此贏得廣告獎。事實上，在知名文案撰寫人團體——東京文案創作者俱樂部中，獲得新人獎的得主也在這個班級當中。

沒錯，這裡的每個人，都跟我一樣，是來尋找機會的。

為了抓住機會和事業，大家都不約而同的集結在這裡。

在大公司工作，也沒什麼大不了

每週都排滿。工作、作業、工作、作業……。

在踩線交出作業之後，又開始展開下一輪循環。

今天我下定決心，要在家庭餐廳[3]完成所有的作業再回家，卻累到打瞌睡，在筆記本留下了墨水漬，冰咖啡的冰塊也全都融化了。

「啊，糟糕！」我再次投入作業之中。

在文字的大海中掙扎，在沒有道路的路上前行，我從艱辛的努力中找到了

3 起源於一九六〇年代，適合各個年齡層用餐的餐廳。

樂趣。

課堂座位會根據成績來安排，寫得好的人將從教室前面開始坐起。這明確的排名制度，無疑提升了我的動力。

班上有各式各樣的學員，有在廣告公司負責文案的人，也有希望從業務部門轉調、製作電視節目的人，還有以文案人為目標的學生。

最終，我沒能坐在前排。教室中間漸漸成了我的固定座位。

不管怎麼掙扎、怎麼努力，總是難以突破前線。

在課後的聚會上，我的神情有些沮喪，就在這個時候。

「看來在大公司工作，也沒什麼大不了的嘛。」

在喧鬧的居酒屋中，只有我的周圍陷入一片寂靜。

我完全沒回話。事實上，那個人說的也沒錯。在廣告業界，能在大型廣告公司擔任文案創作一職，這份工作有多少價值，我怎麼會不知道。想做這份工作的人多得是，但身處在這樣優渥的環境中，我卻沒能做出成績，只是個空有頭銜的傢伙。

我不想就這樣被指責，我想為自己證明給大家看……。

但，知易行難。之後，雖然在最終簡報時，我仍努力爭取製作海報的機會，但最後還是沒能被安排到前方的座位，只能眼睜睜的看著眼前的機會，不斷從我手中溜走。

失望到極點之後，我開始感到麻木了。

在結業慶功宴即使跟著舉杯慶祝，也喝不出雞尾酒的味道。

我對自己感到憤怒，內心就像點燃了一道火焰。

在這裡，我也沒能抓住機會。儘管如此，我好像至少得到了一些刺激自己前進的動力。

就算不斷空轉，總有一天齒輪將完美嵌合

結束培訓課程後，講師在給我的訊息中這樣寫著：

「我很擔心你是不是刻意寫一些看起來很廣告的文案。」

即使只是寫出一些理所當然的事，也可能是刻意寫出來的。在課堂上，我確實吸收到了很多，但要應用在文案上，仍是相當困難的一件事。

就算不斷空轉，總有一天齒輪將完美嵌合。

如此深信的我，為了擺脫在課程上的挫敗感，決定在宣傳會議獎上報一箭之仇，隨即火力全開，全心為參賽做準備。

某天夜晚，大多數同事都已經下班了，我正為參加宣傳會議獎而努力，這時坐在隔壁的前輩開口向我搭話。

「說到宣傳會議獎，就算參加了也很難獲選呢！」

對方投來挖苦般的目光。

「反正你也不可能通過。」我不禁覺得話中有話，因而在心中激烈反駁：「說什麼風涼話？不試試看怎麼會知道！」

但事實上，正如前輩所說的，獲選的機率極低——從投稿的數十萬句作品中，最終只有數十句能夠獲得獎項。

「這又不是買樂透！」

無論是優秀或普通的文案，獲選的機率都是二分之一……但在消極心態的作用下，仍然會想要逃避，因為怎麼想都不太可能被選中。

但，最後我還是毅然決然的交出了作品，一共一千八百句。

初選通過三十七句，二選通過一句。

雖然第一次通過了第二階段，但還沒有到獲獎的程度。

我不禁感到有些茫然，這樣還不夠嗎？

接著，我在雜誌上看到培訓班同學的獲獎消息。

被一起奮鬥的同學超越，雖然讓我有些失落，但也由於深知對方很努力，所以反而更想奮起直追。

也許下次也不會被選上……我確實感到害怕，但不試試看怎麼會知道？

「明年，明年一定要被選上！」

我不想再有這樣的感覺了，內心只想與這個獎項一決勝負。

沒有「好」的標準，就寫不出好文案

我回到了自己的原點。

好的廣告文案，都在那本《文案年鑑》上。

那些刊載在上面的標語，都是文案人嘔心瀝血的作品。

翻開頁面，就會看見許多能夠打動人心，對商品和社會有所貢獻的文案。

我把特別好的文案，抄寫到自己的筆記本上，然後一邊思索為什麼這些文案特別好。

這在廣告業界被稱為「抄寫」。

對「好」的標準不夠明確，就寫不出好文案。

我在閱讀三十年份的《文案年鑑》時，發現——特別優秀的文案，都有一個共同指標。

這些文案都是藉由碰觸到既定的社會觀念，讓人們因為驚訝與發現，而前往一個全新的領域。

指標誕生自新舊觀點之間。

我特別喜歡那些會從文字中湧現情境，能夠漸漸溫暖內心的文案。我開始逐漸意識到自己內心的想法。

「你們，別再看漫畫學漫畫了。要看一流的電影、聽一流的音樂、看一流的戲劇、讀一流的書籍。然後，從中創建出自己的世界。」

我認為，這句由手塚治虫[4]留下的名言，意味著除了自己選擇的道路，也要從其他領域獲得大量的刺激。

為了學習廣告文案，我購買了相關書籍仔細研讀。

除此之外，我也買下了詩集、《古今和歌集》[5]等知名作品。

桌上堆滿了書，我連夜翻動著書頁，開始收集那些能觸動心弦的話語。那些與喜愛的文字邂逅的時刻，令我無比珍惜，心中總默默感嘆「多麼巧妙」或「真令人驚豔」然後，一邊仔細抄寫每一個字，一邊在心頭暗自竊喜，並為此興奮不已。

寫作↓疲倦↓感到痛苦↓打開書本↓提振士氣↓我也要寫出這樣的東西！↓繼續寫作……。

在這個反覆的過程中，我的文字世界逐漸變得多彩多姿。

一次又一次的被狠狠擊倒，再度掙扎著起身。我不能只停留在當個粉絲的階段。

4 日本知名的漫畫家、卡通畫家、動畫師、電影製作人、醫學博士，被稱作「漫畫家之神」。

5 日本的古代詩集，完成於九〇五年。

全力以赴，剛剛好

「最後衝刺 .doc」

打開電腦中的 Word 文件，一行、一行的添加我想到的新文案。這個文件名稱，恰如其分的詮釋出我當時的心境，我確實經常不顧一切的向前衝刺。

宣傳會議獎在當時還是以紙本形式提交。因此，無論在家裡、公司，還是通勤的電車上，我一直在寫，不分平日和週末。截止日當天，我填寫的報名表塞滿了一整個紙箱。

這次總共寫了兩千兩百句，箱子拿起來沉甸甸的。

這是我快樂跟痛苦的結晶，也充分感受到這觸動人心的工作的分量。

報名規定上明確寫著「當日郵戳為憑」。這也就表示，只要人在郵局，就可以寫到十一點五十九分。

將紙箱寄出後，就代表可以好好喘口氣了，但我仍坐立不安的跳上計程車，前往離家最近的二十四小時營業郵局。

我的背包裡塞滿了大量的Ａ４報名表。坐在郵局窗口前嘎吱作響的椅子上，面對那張極矮的桌面，我掙扎到最後一刻。

隨著時間逼近，我一邊瞄向時鐘，一邊寫，拿著筆的手也開始發抖。

在這裡又多寫了二十三句。我將報名表裝入信封，到窗口寄出。

在回家的路上，末班電車即將到來。

有必要做到這樣嗎？但或許，全力以赴的我，剛剛好。

我這麼想著，從自動販賣機買了一罐玉米濃湯。

真好喝，感覺連心都暖和了起來。

當我仰頭喝完裡面的玉米粒時，看見了滿天的星星。

最終的報名件數是兩千兩百二十三句。

思緒與時間，是最好的累積

幾個月後的某一天。

在辦公桌前工作的我，手機突然響了，是一個陌生的號碼。

接通之後，發現是宣傳會議獎的事務處。

「阿部先生，這次您創作的文案獲得了協贊企業獎。」

「咦、咦！真的嗎？」

我有些難以置信，一再的進行確認，並不由自主的站起身來，在自己的座位附近來回踱步。

「是的，是『接下來，就看我的簡報了。』這個文案獲獎。」

「啊——……好！好的！謝謝您！」

終於掛上了電話。我連忙回到桌面，打開記錄文案的 Word 文件搜尋。

有了！

「接下來，就看我的簡報了。」

題目是一家電機製造商的高畫質印表機。

太好了，放心了。我確實有寫到這句。

接著，我只想好好感謝那些願意閱讀我一大堆文案的人。有時，真的是寫到懷疑人生。

在思緒與時間的積累下，確實存在一扇通往未來的大門。就在被看見的那一刻，我得到了回報。那是一種純粹而簡單的快樂。

只不過……「我確實有寫到這句」是怎麼回事？

不是特別有自信的文案，而是在寫大量文案的過程中，無意間寫出來的，這不就是在亂槍打鳥嗎？

在歡喜片刻之後，我的心情頓時有些複雜。

待在容易被看見的地方

轉眼間，約定的第三年即將結束。

這一年的宣傳會議獎結果如下：

初選通過四十四句，二選通過四句，最終入圍一句，協贊企業獎一句。

對比剛開始連一句都沒被選上的慘況，確實是有了長足的進步。

獲獎人的評論，會被刊登在《宣傳會議》的雜誌上。我寫下的，是一路走來的心路歷程。

「我認為我辦不到」、「我可能不太適合」……無論被周遭的人說過多少次，我還是無法完全死心，依舊不斷寫下去，才得以走到今天這一步。很多時候，一切都是取決於自己。真的非常感謝這個獎項，我今後也會持續寫作下去。

更令人高興的是，好事接二連三來敲門。我在工作時寫的廣告文案，獲得了東京文案創作者俱樂部的新人獎。

我不禁鬆了一口氣。終於以自己的方式，履行了在面試時大言不慚的做出的承諾。

「要持續以一名文案撰寫人的身分，好好加油！」

在持續寫作的過程中，我收到了這樣的回饋。

雖然得了獎，生活也不會產生什麼戲劇性的變化，但我仍清晰記得那天被部長叫出去之後，提心吊膽走過長廊的情景。

至少從今以後，我覺得可以滿懷信心的走進辦公室了。

直到現在，我也從未在任何領域上得過什麼大獎。

「我想得獎」的想法，至今依然存在心中，也從未放棄。

即便如此，為什麼我現在仍有不少寫作的機會？

仔細想想，除了持續在社群媒體上發表作品，我並沒有做什麼特別的事。

只是因為待在容易被看見的地方，就有機會被別人發現。單純只是這樣而已。

若你感覺自己身處暗處，就試著走到陽光下吧。

你所在的位置，必定能透過一些努力，讓別人看見。

即使一開始是以量取勝，也沒關係。

這些經驗將成為栽培自己的養分。在大量接觸的過程中，你的輪廓也將日漸清晰。在未來的某一天，當你面對不同選項時，你將迎來堅持相信並選擇自我的階段。

要挑戰某些事物時，不必擔心自己太厚臉皮。

即使被說成是愛出風頭的人，也不需要太在意。

爭取被別人看見，是一種優秀的生存戰略。

稍微鼓起勇氣，伸出你的手，一定會有人願意拉你一把。

試著走到陽光下吧。
你所在的地方，
必定能透過一些努力，讓別人看見。

第 6 章

當你有天成為選擇的那方

工作的意義

那天是星期五。

剛結束對某企業的重要簡報，從公司帶著愉悅的心情回家，正想開罐啤酒放鬆一下的時候，看到手機顯示通知的我，頓時僵住了。

什麼……？

原來是客戶反映，剛才的簡報跟他們的預期不符，所以下週要重新提報。

通知聲持續響起，主管不斷透過郵件發出指示。

「剛才他們不是還說很滿意嗎？」我忍不住嘟囔。

畢竟距離交件日已沒多少時間，真的很難保持平心靜氣。

我向團隊中的晚輩發了一條「這下糟了」之類的訊息，就開始忙著聯絡。

面對這突如其來的狀況，主管的不滿在那封冗長的郵件中顯露無遺。

那不假修飾的尖銳言詞，無疑更打擊了團隊士氣。

想做出能打動觀眾的廣告，明明大家應該都有著相同的目標，但眾人早已心思各異。

明明都是按照指示去做的……。

都已經提出這麼多提案了，還要再繼續嗎……？

算了，這也沒辦法，只能硬著頭皮做了。

我突然對自己這樣的想法感到震驚。

我究竟在做什麼？

只要按照指示去做就好了？

只為了趕在截止日前完成嗎？

雖然我已經完成很多工作，把行程表排得滿滿的，但在星期五的夜晚，我開始陷入深思，思考起自己的工作意義。

工作不是買樂透

你是不是也這樣想？

寫出很多內容，並帶著提案去開會。然後，向前輩和主管問道：「你們覺得如何？」

如果反應不錯，你就會覺得鬆了口氣，心想：「太好了，真幸運！」

但……我說你啊，這樣真的好嗎？

準備大量的文案，希望其中有一個能夠被選中。

工作可不能像買樂透一樣。

確實，以量取勝很重要，那是建立起龐大資料庫，產出高水準作品的基礎。而品質，也是從數量中萃取出來的。

雖然這是事實，但不是只要達到數量，就能夠完全放心了。

如果只是公開徵選的獎項，或許只要寄件出去就好，但工作不一樣，直到廣告順利投放，我都有責任不斷與客戶溝通和調整。

然而，當主管選擇了我的方案，在簡報上與客戶意見相左時，我卻只是坐在後方看著。

有時，我會躲在安全的位置，事不關己的想著，這個案子算是中了或沒中；如果是後者，我會壓抑自己的真實想法，忍耐到最後。

又或者，為了得獎，總是絞盡腦汁的想著廣告文案和策略。

然後，我從公司眾多的文案撰寫人中脫穎而出，獲得了一些獎項，稍微引起了一些注意，並希望有一天自己能被哪個大人物發現，參與某大企業知名品牌的大型專案，排在那綿長的等候名單上，等待著未來某一天。

某一天，總有一天……。

有時也隱約覺得，自己應該能成為某個大人物。

儘管如此，在社群媒體上看到別人的成功時，卻很容易受到影響，或是不斷的和別人比較，淨說些毫無建設性的主觀想法。

不對。

我不想變成這樣的人。

你不是沒想法，而是太在意別人

我開始試著想像。

地球上第一位工作的人，是怎麼開始的？

或許是將自己能做到的事，當作禮物送給眼前的人。

一開始，會不會只是單純想看到別人高興的樣子？

那麼，現在的自己呢？

如果無法投入眼前的工作，就得努力找到自己覺得有趣的事物。要是成就了別人的方便，自己卻感到很壓抑，就得設法開拓自己的工作方式。

想要感動自己，你是不是也這麼認為？

假如無法接受某件事，其實就應該立刻問清楚：「怎麼回事？」、「為什麼會這樣？」

我的內心感受到一股炙熱的鼓動。

原來我還沒做到……。

我發現，我只是害怕被別人否定，所以才按照別人的指示去做，但持續這樣的做法，自己又感到很痛苦……。

忽略自己的內心太空虛，太在意別人的評價又太苦悶。

我不想讓工作變得無趣，也希望更喜愛自己的工作。

因此，進入二十歲後半，即便我已經掌握了寫文案的技巧，仍期許那個被動等待好事發生的自己，能夠有所改變。

第一線的評審，其實就是自己

其實，我心中一直有個理想——與他人談話時，可以侃侃而談，以及適時的提出能夠開拓新局的話題。最後，再從量產型寫手，轉型成對話型寫手。

為了達到這個目標，我就必須先比較出作品的好壞，然後堅定提出自己認為最好的文案。

第一線的評審，其實就是自己。

在經歷過被選上的喜悅和沒被選上的痛苦之後，也只能相信自己的經驗，並持續寫作下去。

當你知道被選上的感覺之後，下一步就是成為選擇的一方。

如果無法成為選擇的那一方，就只能永遠躲在別人的羽翼下。

「這樣做就對了！」在出現這種想法後，我的心仍像擺錘般搖擺不定。即使下定決心去做某件事，也不可能一開始就拿出成果。在某些情況下，還可能因為不賺錢而被人指指點點。

這就是所謂的站在浪尖上吧，我這麼鼓勵著自己。

但也不想因此輕忽從前輩那裡得到的工作機會，所以，在回家到睡覺前的幾個小時裡、在其他人放假休息時，我仍持續坐在桌子前。

即使我真的很疲憊、也很睏，更想好好大玩特玩。

儘管如此，當我能夠全心投入時，那種興奮感真的難以言喻。當我成為選擇的那一方，更是加倍緊張，甚至有些心跳加速。

但，我還是想試著走向自己選擇的道路。

踏出舒適圈？不要跑到激戰區就好

我發現自己的想法受到了侷限。

廣告文案撰寫人，是一個必須從不同角度考量事物，從狹義到廣義，不斷嘗試改變視野的工作。

假設將這樣的思維應用到工作上，那會怎麼樣？

如果光是以廣告和文案的角度來看世界，或許會受到不少限制。但如果從工作和文字的角度去解讀，文案撰寫人的領域則可以無限延伸。我甚至覺得，其他行業也很難有機會，能體會到與各種不同工作結合的刺激感。

倘若要挑戰某個獎項，文案工作者的首選當然是廣告相關競賽。但其實，也可以嘗試參加小說或散文等競賽。我曾經想過，也許自己的潛能有機會在別處開花結果。

要利用一般的管道，還是要發掘祕密小徑？

「我要嘗試新的事物！」、「要踏出舒適圈！」

其實你不需要這麼用力。

只要積極的踏出那一步就夠了，假如沒有人跟你一樣的話，那就成為那個所在的第一，成為令人難以忘懷的存在。

我想起某位前輩說過的話：

「這或許有點是在玩文字遊戲，但我認為戰略就是省略戰鬥。」

我深深認同。

不需要自己跑去激戰區，只要找到自己真正喜歡和擅長的事物，找到屬於自己的舞臺，那就是幸福。

提案企劃也是如此。

在工作時，可以主動表示「我是這樣想的」，並用文字表達出你對產品或服務的喜愛和熱忱，以及由此延伸更多的建議。

就像你主動送禮物給自己所愛的人，因為對方並沒有提出要求，所以收到的人一定會感到驚訝。倘若感動了對方，也許彼此就會有共識，然後討論要做些什麼。

不僅用手寫，也要實際付諸行動——我開始這樣想。

寫給喜歡的搖滾樂團、寫給那家你想為他們加油的居酒屋、寫給被你視為第二故鄉的城鎮。我提出了像情書一樣的企劃案，然後去見我想見的人。

有人在聽了我的簡報之後，感動到幾乎流下眼淚。

看到眼前的人感動，我也很開心。當心靈和身體就像齒輪一樣緊密嵌合，你就能持續前進。放棄成為大人物後，我反而想要更加珍惜貼近自我的相遇。

隨著工作方式逐漸改變，我開始實際感受到成果。因此，我決心再努力一次。三十幾歲的我所面臨的挑戰，是創建一個學習的場所。

不要在同一個地方待太久

美式足球，是一種重視關係的運動。有負責投球、接球的人，不需持球卻會與對手碰撞的人，以及持球朝底線衝刺的人。

為了將橄欖球運送到底線區，具有專業技巧的球員齊聚一堂。當他們之間的關係相互結合，一支強韌的隊伍就此誕生。

從十五歲接觸美式足球開始，由於成長期的影響，我的身體迅速茁壯。隨著身材的變化，在隊伍中的位置也跟著改變，因此與我並肩作戰的隊友也大不相同。

在某個位置，我遇到了令我敬仰的人；到了另一個位置，我遇上了令人有點生氣的隊友。透過與許多人之間的關係，我開始掌握自己的存在價值。

雖然團隊的共同目標在於求勝，但每個人的想法都是獨特的。當時還未曾聽說過「多樣性」這個詞彙的我，確實也體會到了多元化所帶來的力量。

出社會之後，我有了一個體悟：公司不也是如此嗎？**如果一直只跟同樣的人，待在同樣的環境，只把同一個地方當作自己的歸屬，將永遠無法拓展你的視野。**假如跟某位前輩不合，不妨積極尋找另一位比較合得來的前輩。

但現在，人們似乎更依賴手機上的社交關係，現實生活中的人際互動，以及新的邂逅機會也變得越來越少，因而很容易引發強烈的孤立感。

我體認到的是，要更加開放自己，接納他人。

於是我心想，是不是能夠創造一個環境，就像在學生時期的社團活動一樣，透過多方互動，不斷的磨練自己？單獨一個人，無論怎麼努力都會遇到瓶頸，但透過與同伴的相遇，會更容易發掘出超乎想像的潛能。與他人分享這些的經驗，感受彼此的快樂，會是最美好的事。

要是能創建一個能夠強化人與人之間互動，以及正向刺激的團隊，那該多有趣？

當這個念頭在心中萌芽，我便迫不及待的想要付諸實現。對我而言，剛出社會時被分派到人事部，似乎就是為了完成這個使命。

熱情，能夠喚醒沉睡的自我

我收到了來自媒體的專欄邀稿，希望我能分享在宣傳會議獎中獲得佳績的經驗。我曾得益於前輩們的建議，也因為自己的經歷可能為下個世代提供參考，因此當時內心的掙扎和希望，我期望都能如實的傳達出去。

在某次機緣下，我又獲得一次以文案為主題的談話活動邀請。在那裡，我鼓起勇氣向他人表明想推廣企劃，並寄信分享了我對於場地設計的想法。對方的回覆是：「我們開個會吧！」於是事情開始有了進展。

世界是由緣分所串聯的。

最終，我在橫濱港未來的共享空間「BUKATSUDO」，舉辦了一系列「以企劃維生」的講座活動。

電影、喜劇、美食、故事、時尚……由各領域的頂尖講師分享課題，參加者須撰寫企劃書並接受講評。

這些被稱為「企劃生」的三十位參加者們，臉上的神情都十分認真。

這裡的企劃主題五花八門。

在企劃的過程中，每個人會發現主題與自己的連結。即使是自己原本不感興趣的領域，當你看到有人正專注在某件事時，內心深處也會受到撼動。

人們的熱情，能夠喚醒沉睡的自我。

當我們被某人的行為深深吸引時，會帶來一種宛如被強烈敲打的效應並喚醒自己，甚至會驚訝的發現，「原來我也有這樣的一面」，因而更想加入他們的行列。

不過，有時也會覺得自己似乎已經改變，最後卻是一場空。但這些都沒關係，只要不斷遇見不同的自己，讓自己的面貌能更清晰就好。

被迫切割過去的自己

二〇一五年，我們首度舉辦第一屆的活動，隔年是第二屆。慶幸的是，曾經參加過的學員們，都很積極分享這個活動。

隨著逐漸高昂的期待感，我們在招募第三屆的參加者時，卻遇上了難題。就在報名的最後截止日，我原本準備發出通知卻停了下來。

當時的報名人數，已經到達預定開放的名額三十人。

如果之後再往上增加，就意味著要拒絕更多的人。從過去受理報名的經驗來看，我意識到在截止時間之前，會有非常多的人湧入報名。

報名時間截止後，當我小心翼翼的確認報名數字時，在震驚之餘，也感到不知所措。

報名人數已經超過兩百人。

我當時感受到的，並不是喜悅，而是煎熬。

當我逐一審核每個人的報名動機時，不禁感到頭暈目眩。

這是簡單但殘酷的減法問題——「200－30＝170」。

這意味著，會有一百七十位參加者被淘汰。

這麼做之所以如此難受，是因為我看到了過去的自己。

那個曾經多次被拒絕，卻又極力希望被選上的自己；那個充滿熱情，渴望爭取到機會的自己。現在的我，卻要扮演做出選擇的角色，就像是被迫要切割過去的自己一樣。

不只這次，從第一屆開始，我心中總是掛念那些被拒絕的人。

這真的是不得已、無法避免的事情嗎？我的內心幾乎像要被撕裂。

時間壓力迫在眉睫，我需要繼續篩選下去，但又不知道該如何通知那些沒被選上的人。

我反覆思考，自己還能做什麼，掙扎到最後的最後，才寄出通知信。

意想不到的是，後來我收到了一封回信。

以下這篇發表自note[1]平臺上的文章，就像一封長信，帶給我非常特別的體驗。

被「以企劃維生」刷掉的故事

岡本和真

2017 / 4 / 17, Mon 18:57

我收到了一封郵件。

非常感謝您報名參加本次「二〇一七年以企劃維生」活動。

由於報名相當踴躍，包含學員及實習生，我們這次一共收到了兩百件的報

1 二〇一四年在日本成立的媒體平臺。

名資料。但因為遠超出人數上限，經團隊長時間討論及各方考量後，我們終於遴選出本次活動的參加者。本次結果無法盡數回應各位的心意，團隊由衷感到抱歉。

合格與否並非以優劣來評斷，而是在考量到年齡、職業，以及出席率等各方面的結果。我們對於不得不拒絕這件事，感到份外痛心。

對於希望參加這個企劃的各位，我（阿部廣太郎）身為發起人，即便可能有些微不足道，希望至少能透過另一種方式來回應各位。

四月二十三日（日）下午四點～五點半。

我將於橫濱港未來的BUKATSUDO，舉辦「現在就來企劃」的活動，也期待能為各位帶來更多的可能性。

雖然有些人可能無法參加，但很抱歉，由於場地等因素，目前只有這場次的日期和時間。

當天，我們會酌收五百日圓的場地費，場地費可用來抵換一杯飲料。如果您的時間允許且能夠蒞臨，我們會感到非常榮幸。

（能夠前來的朋友，結束後也讓我們在BUKATSUDO樓下的泰國料理店一同舉杯慶祝吧）。

其實，這是我收到「二〇一七年以企劃維生」落選通知的郵件。

「以企劃維生」是由阿部廣太郎主辦的講座活動，目的是為了培養更多從事企劃工作的人。

這項活動將在橫濱港未來BUKATSUDO的共享空間裡，以每個月兩次、共持續半年，邀請各領域優秀的前輩分享他們的知識與經驗。

過去的講師都是業界非常知名的人士：

- 作家經紀公司Cork的執行長佐渡島庸平。
- 搖滾樂團CreepHyp的主唱尾崎世界觀。
- 搞笑雙人組Piece的又吉直樹。

- 多媒體影像公司 Rhizomatiks 的董事長真鍋大度。

報名這個講座的我，不幸落選了。

當時，我對企劃充滿興趣，但從事的工作與企劃完全無關（雖然現在也差不多）。於是，我開始尋找可以學習企劃的課程。

當我偶然看到「以企劃維生」時，便立刻報名參加，但是沒有被選上。

活動限額三十名，報名人數卻超過兩百人，這意味著入選機率大約是七分之一。競爭實在太激烈了，落選也是沒辦法的事。

但我仍為此感到難過、不甘心。本來希望能向前邁出一大步，卻連這一步也踏不出去。

- 是我的熱忱不夠嗎？
- 還是我提出的內容太缺乏重點？
- 難道他們選的都是有企劃經驗的人？

這些想法不斷在腦海中盤旋，令我十分沮喪，甚至在工作時間，還情緒低落到躲在廁所。後來我才知道，其實也有不少外行人參加過這個講座。

郵件的最後這樣寫著：

對於希望參加這個企劃的各位，我（阿部廣太郎）身為發起人，即便可能有些微不足道，希望至少能透過另一種方式來回應各位。

四月二十三日（日）下午四點～五點半。

我將於橫濱港未來的BUKATSUDO，舉辦「現在就來企劃」的活動，也期待能為各位帶來更多的可能性。

也就是說，雖然我無法參加正式講座，但如果那天能去BUKATSUDO，團隊也會提供相關的課程。

坦白說，心情挺複雜的。我對他們的用心當然非常感激，但終究還是沒辦法參加原本的課程。可是，我仍希望能見到阿部老師，聽聽他要分享的內容。交雜著欣喜、遺憾和自卑的情感，我回覆了那封郵件，表達自己想參加的意願。

而後，到了四月二十三日當天。我乘坐東橫線，抵達港未來站，並一路走向BUKATSUDO。這裡也是「以企劃維生」之後上課的地方。

當天的談話相當有趣，現場大約有二十五人參加，每個人都非常認真聆聽阿部老師所分享的經歷。

他在進入廣告公司之後，被分配到人事部，負責安排實習生參與企業活動、舉辦講座及工作坊等幕後工作。在那段期間，他由於想從事企劃，所以參加了轉調部門的考試。之後，持續從前輩那裡拚命的學習，最終成功通過考試。後來，他以「為世界締造出團結感」為主題，舉辦了各式活動，「以企劃維生」也是其中一部分。

課程結束後，我們還參加了交流會。大家一邊喝著酒，一邊與阿部老師和其他參加者交流，度過一段快樂的時光。

真的，比我想像中還愉快。

之後，我們便結伴踏上了歸途。

在回家途中，我跟幾位參加者乘坐同一班電車。其中一個人突然喃喃的說了句：「我們也應該要做些企劃吧……。」

是的，我想，包括我在內，大家應該都有著同樣的心情。

「阿部老師真的是個很棒的人，也帶給我們很多啟發。」

但事實上，我，或者該說那天參加課程的所有人，都不能實際參與講座。

雖然那確實是一段愉快的時光，但在結束後，我心中總感到有些遲疑。

「我真的很想做些什麼。」、「我也好想實際企劃。」心底始終留有一絲遺憾。

「我們也該做些什麼吧……。」在我脫口而出這句話之後，「好啊！」、「我也是這樣想。」、「來試試吧！」大家當場就交換了聯絡方式。

之後，我們還聯繫到雖然落選，那天也沒能參加課程的成員，組成了一個大約三十人的團隊，決定一起規畫些什麼。

雖然最後由於工作或其他原因，無法全員到齊，但包括我在內，還是有八位成員。

好不容易集結的組合，需要有一個名稱，所以我們取了「MOKUROMI」這個名字當作團體名。

這名字取其日文「目論見」的含義，代表構思、企劃的意思。

我們共同做了一個決定：在「以企劃維生」結束前的這半年內，要實現一個企劃。除此之外，其實什麼想法也沒有，真的是從零開始。

想靠自己實現企劃是最大的原因，但搶在阿部老師的活動結束之前舉辦，確實多少是因為想要讓那些能夠參與的人，以及阿部對我們刮目相看，甚至後悔曾經刷掉我們。

※事實上，我們在「以企劃維生」結束之前，還是沒能實現任何企劃。

之後，我們每隔一、兩週，就會在澀谷的咖啡廳聚會、舉行企劃會議。因為一開始什麼想法也沒有，所以隨著大家積極分享自己的點子，或是提出可能嘗試的項目，團隊想做的事也越來越清晰。

即便我們原本互不相識，在討論過程中，也常會出現意見不合、不太順利的情況（但如今，大家都是好朋友）。

例如，中間曾出現過「古早味遊戲大進擊」的點子，或是我們甚至嘗試在代代木公園玩「一二三木頭人」。

經過幾個月的討論和反覆摸索，大家決定辦一個體驗型活動，那就是「漫畫直播」，請配音員為漫畫配音。

討論到主持人時，有人提議邀請阿部老師擔任活動的主持人（雖然確實想爭口氣，但再怎麼說，我認為大家都希望能跟阿部老師共事）。

之後，我們聯絡了阿部老師，他欣然答應。當團隊告知企劃的內容時，他甚至寫了一句「漫畫，就是持續進化的生物」的活動標語送給我們。

（看到這句口號時，所有成員都非常感動，並深深為專業文案撰寫人的功力感到震撼。）

我們選擇現場配音的漫畫，是矢島光[2]的《有女朋友的男朋友》。

後來，逐步定下活動內容，我們開始為舉辦活動進行準備。

但要實際吸引觀眾，比想像中還要困難，幾乎沒有一件事能順利完成。活動前一天，我們下班後在會場附近集合，開會開到將近末班車的時間。每多討論一些，就有更多的不確定性和問題浮現，甚至擔心無法如期舉行。

但到了活動當天，兩個小時的活動瞬間就結束了。

我個人認為，這次活動舉辦得相當成功。參加者紛紛表示「很有趣」、「是全新的體驗」，也有許多人在社群媒體上分享他們的心得。

每當配音員配到漫畫（準確來說，是使用漫畫分鏡做的動畫）的重要橋段時，全場總是笑聲不斷，或是沉浸在感動的氛圍中，彷彿一起在電影院觀賞電影，我認為這是非常獨特的體驗。

在阿部老師與作者矢島對談的環節，我們還聽到幕後故事，讓大家對作品有了更進一步的理解。

我自己也玩得很開心，其他的團隊成員也都十分愉快。但最重要的是，看見參加者臉上露出的笑容，在那一刻，所有的努力都是值得的。

在清理工作結束後，與阿部老師和矢島一起舉辦了慶功宴，大家就各自解散了。

在活動結束的隔天（或該說是深夜），仍沉浸在活動的餘韻，以及酒精所帶來的興奮感的我，給阿部老師發了一條訊息：

阿部老師，辛苦您了。

感謝您昨天在百忙之中參與漫畫直播的活動。之前如果沒有認識您，這個企劃是不可能實現的，感謝您給予我們的機會。

2 日本新生代漫畫家。

阿部老師還特地為我們寫標語，並積極參與宣傳，您給我們的溫暖鼓勵，真的讓我深受感動。您還稱讚我撰寫的作品摘要，也讓我非常感激。我會銘記：「如果只是等待，什麼也不會開始，要勇敢的奮力向前。」繼續努力下去。

阿部老師回覆了我的訊息：

當你們想著要爭口氣，想著哪天要讓大家刮目相看時，都成為了你們的動力。努力找尋夥伴，面對挑戰，一同歡笑、沮喪、不甘心，但你們終究實際付出了行動；即便感到有些焦急，但仍一心一意的一起努力，最終吸引了許多人。現在，當你們回頭看，那些曾經的遺憾和挑戰，都已經被這段充滿歡樂的時光所取代。我非常欽佩創造出這段時光的各位。

選擇自己的路，選擇自己想做的事的你們，實在是太棒了。

下次再見，我非常期待那一天的到來。

（希望你能把我的訊息，轉告給 MOKUROMI 的所有成員。）

我也會持續努力下去。

我看得熱淚盈眶，眼前的景象幾乎已經模糊。

深夜，我整個人裹在棉被裡，哭得稀里嘩啦。

阿部老師的那段話，完全描繪出我和一同努力的夥伴的所有感受。

起初，我們只是想要爭口氣和不甘心，僅此而已。

但當我們繼續前行，漸漸的感受到樂趣，然後再度遭遇挫折，卻又再次找到了樂趣，並帶著這份興奮感，終於走到了最後。

我也曾多次覺得自己可能會做不到，或是因過程中甚至有成員選擇退出，總令人擔心計畫是否會中止（但一開始的八名成員終究都留了下來，並且實現了我們共同的企劃）。

不過，在思考如何執行的過程中，我發現一開始「想要爭口氣」這種有點消極的情緒，也在不知不覺間消失了。

後來，從其他朋友聽說，阿部老師在他的社群，為我們的漫畫直播做了很多宣傳，實在太令人感動了。

所以，當我在活動中看到觀眾時，只是慶幸還好我們有嘗試，但當我看到阿部老師回的訊息，我是打從心底深深覺得「還好我們有堅持到最後」，也真的很高興能有這個機會。

假如我有去上「以企劃維生」的課程，可能會學到更多關於企劃的知識。但這不代表沒有去，就不能做企劃。

實際上，任何事情都可以成為企劃，也並不是從事企劃相關工作的人（例如文案寫手或規畫師），才能進行企劃。

我終於恍然大悟。

從這次的漫畫直播活動之後，我開始自己策畫一些小事。例如創立社群網站的帳號，或是舉辦小型活動等。

我學習到，只要有想做的事情並且對外公開，就可能找到有共鳴的人，願意和你一起行動。

這或許也是當初被分派到人事部，並對此心有不甘的阿部老師，在決定成為一位文案撰寫人並付諸行動時，所體會到的心情吧。

如果只是等待，什麼也不會開始——這不僅是阿部老師留給我們的話，也是他之前出版作品的書名。

但，我想這不只是一句話，也代表了他的生活哲學。

儘管我在工作和生活中，還有很多地方做得不夠好，每天都有許多煩心事，但那天從港未來回家的路上，內心閃過了「我也想做企劃」的念頭，並且付諸行動，這對我來說是無價的珍寶。如果只是等待，什麼也不會開始，這句話也一直深藏我心。

我也學習到，即使與工作無關，任何事都可以成為企劃。

所以，即使眼前的道路崎嶇，也可能存在著其他的道路。只要你願意踏出第一步，就可能會成為你人生的轉捩點。

即使一開始非常困難，讓人心生想放棄的念頭，但當你堅持到最後，可能也會因為別人的一句話，讓你感受到一切都是值得的。

就像我被阿部老師的文字所觸動，而得到回報一樣。

我相信深深言語的力量。它既是鼓勵，也是一種魔法。

將所有經歷，化為創造的契機

看著信件的內容，我也跟著潸然淚下。

寄出落選通知的郵件時，其實我很害怕。

因為沒被選中，卻又希望有見面的機會，這難道不是一種傲慢、自私和任性嗎？即使可能會被這樣解讀，當時的我還是有些話想要傳達給他們。

在被邀請到的現場活動中，我也親眼看到人們嘗試改變，以及真正改變的瞬間。

跟夥伴們共同創造一件新事物，並不容易。越是全心投入，越是會互不讓步，並導致意見上的分歧，甚至可能會產生爭執或尷尬的局面。

但是，只要銘記目標，並保持互相尊重，與同伴持續向前，一定能夠克服困境。

我想起了求職時，學長告訴我的這句話：

「聞一，知十，思百，傳千，動萬。」

或許可以從主動創造開始，不再默默等待。

「創一，知十，思百，傳千，動萬。」

將所有的經歷，化為創造的契機，以推動自己的人生。

一路走來，你經歷過沒有選上和被選上的時刻。

選擇總令人感到煎熬，但最後總是必須做出決定。

即便無法與夥伴同行，你依舊可以找到另一條屬於自己的道路。

這可能像是在說好聽話，很多事確實也無法輕易放下。

但我相信，只要把這份不甘心的想法化為動力，一心向前，或許就能看見全然不同的風景。

選擇總令人感到煎熬。
即便當下無法與夥伴同行，如果能讓這份心情成為創造的契機，
一心向前，或許就能看見全新的風景。

第7章

工作和生活，也必須做出選擇？

工作跟我，哪個比較重要？

我的腦子裡總是塞滿了工作的事。
這是在人們開始重視工作與生活平衡之前的事了。
離開前輩之後，是否能完全獨立作業？
未來的自己，究竟會怎麼樣？
為了擺脫這些不安，我全心投入工作。
在平日晚上努力完成工作，就連週末也想好好學習，並且挑戰各項競賽。
這對於逐夢的人來說是美好的，但對於他身邊的人來說，感受又是如何？
光是想到這一點，就令人感到內疚。
剛出社會時，我和她會在工作的空檔擠出約會時間。有時，兩人在對話間，會突然陷入短暫的沉默。

而她就像是想起什麼似的，很輕鬆的開啟了這個話題：「工作跟我，哪一個比較重要？」

我瞬間有些不知所措。

我知道這是雜誌或媒體在戀愛主題中，經常會出現的問題，但從沒想過自己有一天真的會被問到，而且我也不知該怎麼回答。

「兩邊都很重要！」我忍著沒說出這句話。

以前在用餐時，常常突然接到工作上的電話，由於要處理事情，「等我一下」不知不覺成了我的口頭禪，好幾次真的也讓女方等了好一段時間。

一想到她為什麼會這麼問，我只低頭說了聲「對不起」。

後來我才知道，「很抱歉，讓妳有這種感受。」或許才是標準答案。

愛情裡的言不由衷

我想挽回這個狀況。

從早到晚，繁忙的日子接踵而來。即使如此，我還是希望能騰出見面的時間，所以在工作結束之後，就會盡可能去找對方。

我想透過行動告訴她，我很重視她。

即使有時因為太過疲累，在見到面之後就馬上睡著，我們仍會分享彼此的夢想和工作理想，同時也談論生活中的困境，互相鼓勵。知道不是只有自己過得很辛苦，就多一些安全感。

或許正因如此，我們的關係似乎已經修復了不少。某天晚上，工作結束的時間比預期的晚。我傳了訊息，但沒有得到對方的回應。

然而，我覺得還是應該去找她，所以趕緊搭上了計程車。

「有沒有搞錯，我家不是商務旅館耶……。」

糟糕，她明顯不太高興了。

不確定對方有沒有空，就在這麼晚的時間突然出現。

不，那是因為我想好好經營這段感情，所以覺得這份心意，必須好好用言語傳達給對方，於是脫口而出：

「我可沒有把妳家是商務旅館，更像是汽車旅館吧。」

「啊？」

搞砸了……氣氛明顯變得更糟糕。

「不、不是，我是說……。」其實，我只是想說，我是愛她的。

「就、就像飯店套房！」我急於解釋，想說的是飯店、不是汽旅，但無論怎麼補救，似乎都為時已晚。

明明只是想打圓場，卻反而言不由衷，這樣的自己實在是太可悲了。

想要分享，卻變分手

想要面對面，好好的告訴妳。

即使無法完美表達，我還是希望能夠盡量說出自己的心意。

儘管已經實現了工作上的夢想，但目前還沒有拿出亮眼的成績。於是，我下定決心，要去報名文案創作者的培訓課程。

雖然結果還不確定，但我想先告訴對方自己的想法。

在一個晴朗春日的週末午後。

我們終於可以好好休息了。當兩人一起走在街上的時候，我一直在尋找談論這件事的時機。

在等紅綠燈時，我開口說道：

「其實，我最近想去參加一個文案的課程。假如能通過，可能在秋天之前，每個週六都得去上課。」

「這樣啊……。」

這意味著在未來的日子裡，我和她會比現在更難見到面了。週末沒辦法一起去旅行，在一起的時間也會減少。

「與其說是討論，你應該已經決定了吧？」

「還不確定能不能被錄取。」

「但你會努力的，對吧？」

「是啊，我會努力的。」

「那我覺得你一定會被錄取的。」

「謝謝……我會好好加油。」

「之前你不是說過，希望透過廣告的工作，讓人們覺得幸福嗎？」

「嗯，我有這樣說過。」

「如果沒辦法讓身邊的人幸福，那怎麼讓離你更遠的人感到幸福呢？這很難吧！」

隨著綠燈亮起，我們在人群中繼續前進。

雖然走在一起，但彼此的心正漸行漸遠。

過了一陣子，我順利開始上培訓課程，沒多久就被對方甩了。

不是只有我一個人

「你能讓人感到幸福嗎？」

這句話，我至今仍難以忘懷，未來也肯定不會忘記。

我認為，那就像是我應該背負的十字架。

人們都說，只有當你失去平衡，才能找到最適合自己的位置。但當時的我，動不動就失去平衡。

不僅跌跌撞撞，傷痕累累，還連帶傷害身邊重要的人。

即使後來工作進展得相當順利，我依然不知道該如何妥善取得平衡。

每當我努力推動新的企劃講座時，同時也會為維持個人的生活品質感到煩惱。時光飛逝，到了三十五歲左右，我結婚了。

當我聽到妻子懷孕的消息時，我沉浸在那份喜悅之中，看著她日漸隆起的肚子，我既期待又緊張。

妻子休產假的時候，我經常陪著她，但孩子即將出生時，可惜由於新冠疫情的影響，我沒辦法陪在她身邊。

送妻子去醫院之後，我一個人回到家。

「差不多了嗎？」、「嗯，我出發了。」、「加油！」

互相傳著這樣的訊息，我獨自在家中祈禱般等待。

「孩子出生了！」

我凝視著傳過來的寶寶照片，有股溫暖的感動逐漸湧向心頭。

我終於成為了父親，我當爸爸了！

我慢慢實際體會到為人父母的心情，也感受到家庭成員增加所帶來的幸福，更想找到與家人一同感受幸福的方法。

得知妻子的預產期之後，我就已經打算要休育嬰假了。

決定休育嬰假，並不是為了跟上時代潮流，而是為了表明與妻子一同養育孩子的決心。

不過，那時的我，某種程度上，也是想藉由休育嬰假暫時脫離繁忙工作。在大家不斷向上爬的同時，只有我獨自一人原地踏步，這就是我當時的心境。我現在才意識到，不少原本有工作的媽媽們，可能也有過類似的掙扎。

我決定請三個月的育嬰假。

放棄之前的進展和速度，確實讓我感到害怕，自己可能也會因此有所改變。但，身為一名工作狂，我又能在這段時間裡感受到些什麼？

我有預感，那裡可能藏有打造幸福家庭的線索。

世界沒有你，仍會繼續運轉

讓我感到最擔心的，是交接工作內容。

我覺得身為一名文案寫手，即使在組織中工作，也像是在經營個人的小店。真的能找到交棒的那個人嗎？

在遠距工作時，望著藍天染成了橘紅色日落，我好幾次都顯得心不在焉。

結果，那只是杞人憂天。

我深刻體會到坦誠向他人求援的重要。

「交給我吧！」有些掃興的是，同事和同期夥伴都非常爽快的就答應了。

這讓我感受到，自己似乎被「這份工作非我不可」的想法給束縛住了。

尋求幫助不是認輸，我可以放下那過於沉重的自尊心。

記得有一次，我在X（前身為 Twitter）上看到一則推文：

「即使史蒂夫・賈伯斯（Steve Jobs）不在了，蘋果依舊照常營運，所以沒有人是無可取代的。」

這個世界沒有我，仍會繼續運轉。

在工作上，職務的變動有時就像是在玩大風吹。

但在家庭中，我的存在是無可取代的。

孩子出生後一週，我們終於展開了新生活。

只有自己能夠做到的事

多少次說著不要哭，多少次暗自祈禱，希望孩子就此安靜下來。我總是手忙腳亂，但也不能感到沮喪。

當寶寶想吸吮我的胸部時，我慌亂的說著：「抱歉！爸爸沒有奶，對不起喔……。」孩子忍不住放聲大哭。

我使盡渾身解數，抱著寶寶不斷輕輕搖晃，直到他在我懷中安然入睡。看著他熟睡的面孔，我深深感慨。

媽媽真的很了不起，沒有比眼前正在哺育母乳的媽媽更加神聖的了。或許是因為陽光灑落至客廳內，妻子的身後彷彿也散發出一道光芒。

一邊喘息，一邊拚命吸吮的寶寶，眼神格外堅定。臉上的表情彷彿告訴我，他得到了所需要的一切。

當我輕輕為寶寶拍嗝時，他打出了一個響亮的飽嗝。

就算我告訴他：「這是爸爸泡的奶喔！」但我也知道，寶寶肯定不會停止哭泣。

母乳的神奇安撫效果，真是令人羨慕。

儘管內心有點小吃醋，但我確實也無計可施。

我開始做些妻子因為體力不堪負荷而沒辦法做的事，例如辦理文件、燒開水、泡奶粉、換尿布、剪指甲、給寶寶洗澡、塗保溼乳液等；也讓妻子悠閒的泡澡休息。

這裡有很多只有我才能做到的事情。

感受到自己與這個家的緊密連結，我覺得格外踏實。

晚上，把寶寶哄入睡後，我整個人裹在毛毯裡滑手機。

滑著滑著，手突然停了下來。

「啊，那個人這次表現得還不錯嘛。要是我也能這樣引起話題就好了。」

我這樣心想。

以前，別人的羨慕總是讓我心煩意亂，但現在不一樣了，甚至連我自己都感到有些意外。

我沒辦法做到像他那樣，但那樣的我，也有能夠做到的事。

正當我這樣想的時候，寶寶又開始哭了，於是我離開了毛毯。

現在的我明白，有許多方法可以成為身邊重要的人的力量。

在渴望追逐的過程中，人們會有所成長。但我也不想忘記，這個名為「自己」的存在，本身就充滿了無限的可能性。

事情會過去，人生會繼續

也許答案一直就在這裡。

我終於意識到，工作和個人生活之間，也有著巧妙的連結。

看著寶寶成長的每一天，既有成就感、又令人感到疲憊。睡著時如天使般可愛到令人陶醉，哭鬧時卻又像一頭小怪獸，令人精疲力盡。在這既忙碌又幸福的日子裡，我和妻子共同做出了一個決定——我們必須帶著笑容，來面對養育孩子這件事。

文案撰寫的工作，是創造嶄新的視角。

於是我決定將自己的有色眼鏡，升級成「有趣眼鏡」。

在與寶寶的相處中，我開始思考如何讓這些日子變得更有趣。

例如，猜猜寶寶哭聲的搶答遊戲。

當聽到寶寶的「嗚耶」哭聲，就像快問快答一樣，搶著猜「餓了要喝奶」或是「要換尿布」。

當然，有時候實在猜不透，但我們夫妻倆始終不忘面帶笑容。

看著寶寶的睡姿，我們會戲稱那是在模仿《超人力霸王》[1]的戰鬥姿勢。

當他哭起來，會劇烈的擺動一隻腳，我們就會模仿小島義雄[2]的搞笑段子，說「可是可是，那又沒差！」或是抱起寶寶，像跳社交舞一樣逗著他玩。

雖然確實很疲憊，但兩人總是懷抱著可能會有新發現，一刻也不能錯過的小小期待。

有句名言說：「不是因為幸福而笑，是因為笑而感到幸福。」

透過「有趣眼鏡」看世界，每天都像是在演短劇一樣，令人體會到不可思議的幸福感。

前面曾經提到，請育嬰假就像是獨自一人待在樓梯間。

但現在的我，已經完全不再這麼認為了。

我佇足的地方，不是樓梯間，而是瞭望臺，是工作方式背後的生活哲學。在家庭中確認自己的定位，思考未來的生活風格，以及內心的人生目標，那是一段整理思緒的時光。

不時近觀或遠眺，人生還會繼續。

凝視著自己所認定的幸福，即便有時會迷失方向，也要勇敢負重前行。互相支持，一同走下去。

我不再是孤單一人，也不只有兩個人。我們是一個團隊。

1 由日本圓谷株式會社製作的特攝電視影集。
2 日本喜劇演員。

工作和生活，都不需要放棄

我曾經是貪心的。

工作和個人生活，我都想充分享受。

但可能在過度專注其中一方時，就會感受到夾在中間的矛盾，或是被點名在某一方誠意不足。

一天只有二十四小時，時間是公平的。我們沒辦法增加時間，也不能將空閒的時段留到明天，而且很多時候，還會希望能好好的睡一覺。

但是，即使在有限的時間裡，也總會有辦法的。

要取得平衡，其實不需要什麼特別的技巧。

有時要坦率的說出內心話，難免會害羞或是尷尬。即便如此，也要鼓起勇氣向身旁的人坦承自己做不到，並勇敢的說出「幫幫我」，如此才能真正達到獨立的目標。

不管是工作，還是私生活，其實都是一種團隊合作，需要互相貢獻、彼此支持，在這當中，並不需要放棄任何一方。

人只要活著，就會有需要放棄或不得不做選擇的時候，即便如此，我還是想寫下這些特別重要的事情。

首先，請選擇自己的幸福。

以自我為中心，無論是家人，或在工作、私生活中認識的人，甚至是未來會遇到的人，一定有能讓每個人都感到幸福的方法。

工作和個人生活，兩者都不需要放棄。

從身邊的人到遠方的人，跟你真正重視的那些人，一同迎接通往幸福的挑戰吧！

不需要放棄任何一方。
一起尋找讓彼此都能幸福的方法，
然後享受這個挑戰！

結語
一旦開始行動，不安就無法追上你

剛開始，我實在很擔心。

終於到了選擇幼兒園的時候了。我去參觀了幾家，並且根據期望依序排列，然後將文件送到市公所。雖然從前輩那裡聽說，幼兒園抽中的機率很低。某天，我發現家中的信箱有一封信。連忙拆封，才發現是通知幼兒園全數落選的信件。

雖然早有心理準備了，但我和妻子還是很失落。

我們的孩子成了待機兒童。

「我連在這裡都沒被選上嗎？」

當然，這多少讓人感到空虛和不甘心。

但，我知道這才是真正的開始。

現在，我每天來回花三十分鐘的時間，接送孩子到未經地方政府認可的認可外保育園[1]。

騎著腳踏車，在樹間的陽光下，感受微風迎面吹拂，與孩子一同欣賞四季的變化，直到看見總是溫柔的守護著孩子們的教保員。

每次抵達幼兒園時，孩子的臉上都會露出燦爛的笑容。他走進大門，回頭看著我，舉起小小的手朝我揮舞。

獨自騎車回家的路上，我大口呼吸著清新的空氣，發自內心覺得，能讓孩子上這所幼兒園，真是太好了。當初的擔憂，現在看來也已經煙消雲散。

現在的我，想告訴那天的你。

沒被選中，其實是件好事。

畢業紀念冊裡的我是獨自一個人，因為這樣的孤單，才得以了解與人產生連結的喜悅。

在大學入學考時志願全數落榜，我才知道，有人會一直看著自己的努力付出，並且明白有時選擇放手，其實也不壞。

在沒被選為隊長的那一刻，我才了解到團隊需要的是什麼，以及真正想為什麼做出貢獻。

正因曾在求職過程中深深煩惱，所以更重視自我的選擇，進而由衷接受現在所做的工作。

也因為曾被前輩說自己可能不太適合這份工作，我才領悟到那段追尋的過程有多重要，並且嘗試相信自己未來的可能性。

因為曾是做選擇的那一方，所以了解那份痛苦和喜悅，並進一步藉由選擇來推動自己的人生。

被夾在工作和個人生活之間，我才了解如何過得忠於自我，隨著邁向四十

1　日本的幼托機構分成幼兒園和保育園（托兒所），保育園又分為認可保育園和認可外保育園兩種。

歲，更想與他人一同享受追求幸福的挑戰。

正因為那天沒被選上，我才能成為現在的自己。

正因為那天沒被選上，這本書才得以完成並且傳遞到你手中。

人生很長，之後還有好一段路要走。

如果你為人際關係感到煩惱，不要管彼此是否合得來，你可以自行選擇要配合對方，還是不配合。

假如你不擅長表達，無論多少次，都可以修正自己的用詞、聆聽對方的心聲，然後傾聽自己內心的聲音。

我想，接下來肯定還會有沒被選上的時候，而且會一次又一次的不斷發生。你可能仍會感到失落，甚至有些怨懟、不甘心，彷彿世界末日來臨。但事實上，那反而是通往新世界的起點。

沒被選上，其實是為了蛻變成新的自己。

即使快要被不安的感受壓垮，我還是如此確信。

一旦開始行動，不安的心情就無法追趕上你。

若這本書能夠成為你回憶中的一部分，並為你帶來改變的勇氣，我會由衷的感到高興。

沒有人的人生不會後悔，但我們還能明天再見。

即使有時不被選擇，人生也不會結束，

讓我們為自己的選擇感到驕傲，然後繼續向前邁進。

選擇自己的路，溫柔善待自己，你就已經踏出了全新的步伐。

期待未來的某一天，在你所選擇的道路上與你相見，

也想在最後送給你一句話：

你是自由的。

Think 272

給那天落選的你

「沒有被選中」的下一步？

人生，就從「不被選擇」的那一天起，活出自己的路。

作　　者／阿部廣太郎
譯　　者／林佑純
責任編輯／黃凱琪
校對編輯／林盈廷
美術編輯／林彥君
副總編輯／顏惠君
總 編 輯／吳依瑋
發 行 人／徐仲秋
會計助理／李秀娟
會　　計／許鳳雪
版權主任／劉宗德
版權經理／郝麗珍
行銷企劃／徐千晴
業務專員／馬絮盈、留婉茹、邱宜婷
業務經理／林裕安
總 經 理／陳絜吾

國家圖書館出版品預行編目（CIP）資料

給那天落選的你：「沒有被選中」的下一步？人生，就從「不被選擇」的那一天起，活出自己的路。／阿部廣太郎著；林佑純譯. -- 初版. -- 臺北市：大是文化有限公司，2024.02
288 面；14.8×21 公分. --（Think；272）
譯自：あの日、選ばれなかった君へ 新しい自分に生まれ変わるための 7 枚のメモ
ISBN 978-626-7377-41-3（平裝）

1. CST：人生哲學　2. CST：自我實現

191.9　　112018565

出 版 者／大是文化有限公司
臺北市 100 衡陽路 7 號 8 樓
編輯部電話：（02）23757911
購書相關諮詢請洽：（02）23757911 分機 122
24 小時讀者服務傳真：（02）23756999
讀者服務 E-mail：dscsms28@gmail.com
郵政劃撥帳號：19983366　戶名：大是文化有限公司

法律顧問／永然聯合法律事務所
香港發行／豐達出版發行有限公司 Rich Publishing & Distribution Ltd
地址：香港柴灣永泰道 70 號柴灣工業城第 2 期 1805 室
Unit 1805, Ph.2, Chai Wan Ind City, 70 Wing Tai Rd, Chai Wan, Hong Kong
電話：21726513　傳真：21724355
E-mail：cary@subseasy.com.hk

封面設計／鄭婷之　內頁排版／王信中
印　　刷／鴻霖印刷傳媒股份有限公司

出版日期／2024 年 2 月　初版
定　　價／新臺幣 390 元（缺頁或裝訂錯誤的書，請寄回更換）
I S B N ／ 978-626-7377-41-3
電子書 ISBN ／ 9786267377574（PDF）
9786267377567（EPUB）